LE CONTRIBUABLE
HÉROS OU MALFAITEUR?

PRESSES DE L'UNIVERSITÉ DU QUÉBEC
2875, boul. Laurier, Sainte-Foy (Québec) G1V 2M3
Téléphone : (418) 657-4399
Télécopieur : (418) 657-2096
Catalogue sur Internet : http://www.uquebec.ca/puq

Distribution :

DISTRIBUTION DE LIVRES UNIVERS S.E.N.C.
845, rue Marie-Victorin, Saint-Nicolas (Québec) G7A 3S8
Téléphone : (418) 831-7474 / 1-800-859-7474
Télécopieur : (418) 831-4021

LE CONTRIBUABLE
HÉROS OU MALFAITEUR ?

Pierre P. Tremblay
Guy Lachapelle

1997

Presses de l'Université du Québec
2875, boul. Laurier, Sainte-Foy (Québec) G1V 2M3

Données de catalogage avant publication (Canada)

Tremblay, Pierre P., 1946-

    Le contribuable : héros ou malfaiteur ?

    Comprend des réf. bibliogr.

    ISBN 2-7605-0816-1

    1. Impôt – Québec (Province) – Opinion publique. 2. Contribuables
– Québec (Province) – Attitudes. 3. Fraude fiscale – Québec (Province).
4. Québec (Province) – Administration – Opinion publique.
5. Finances publiques – Québec (Province) – Opinion publique.
I. Lachapelle, Guy, 1955- . II. Titre.

HJ2460.Q4T73 1996   336,2'013714   C96-940168-X

Les Presses de l'Université du Québec remercient le Conseil des arts du Canada
et le Programme d'aide au développement de l'industrie de l'édition du Patrimoine canadien
pour l'aide accordée à leur programme de publication.

Révision linguistique : ROBERT PARÉ

Mise en pages : INFO 1000 MOTS INC.

Conception graphique de la couverture : CARON & GOSSELIN COMMUNICATION GRAPHIQUE

1 2 3 4 5 6 7 8 9 PUQ 1997 9 8 7 6 5 4 3 2 1

Dépôt légal – 2ᵉ trimestre 1996
Bibliothèque nationale du Québec / Bibliothèque nationale du Canada
Imprimé au Canada

À mes fils
Pierre Olivier et Julien André
PPT

À Marc-Olivier et à Camille
GL

TABLE DES MATIÈRES

Redessiner une ville sur une carte, raser 20 000 taudis et y mettre des parcs, y amener des rivières, planter des millions d'arbres et enfouir la circulation sous terre ; aller jusqu'au bout de son imagination, donner sa maison à chaque ouvrier avec jardins et chèvres. Faire surgir mille hôpitaux, mille théâtres, mille universités, mille restaurants gratuits. Cela est moins coûteux que de voter la plus petite des guerres.

Félix Leclerc, *Le calepin d'un flâneur*, 1961

PAROLES ET VERBIAGES

« Les gens fraudent parce que disent-ils le système profite trop d'eux. »

Judith Bélanger, L'Actualité, 15 avril 1992

« C'est un phénomène de récession et de crise, une sorte de révolte contre l'État, ses réglementations abusives, ses impôts excessifs et ses taxes de toutes sortes dont la TPS. »

Pierre Fréchette, professeur d'économie à l'Université Laval

« Ils protestent devant la hausse des taxes, car ils ont la perception que le gouvernement gaspille leur argent... La vague de fraude fiscale serait apparue avec l'introduction de la TPS qui était déjà perçue comme étant une taxe injuste. Les gens ont d'ailleurs plus de sympathie pour les gens qui fraudent que pour le gouvernement... Les individus qui travaillent à leur compte et la venue d'immigrants de pays où la fraude fiscale est beaucoup plus étendue seraient deux raisons expliquant l'augmentation de la fraude fiscale selon Roger Smith, un économiste. »

Brenda Dalglish, Maclean's, 9 août 1993

« L'économie souterraine n'est pas le résultat d'une révolte contre les taxes, elle est le symptôme d'un malaise plus profond. La plupart des gens n'aiment pas les taxes, surtout la TPS. Les gens s'objectent en majeure partie aux taxes injustes qui permettent actuellement aux riches et aux entreprises d'avoir droit aux exemptions d'impôt... Beaucoup de gens sont convaincus que leur argent est gaspillé, ce qui est suffisant pour justifier la fraude fiscale... Les individus ne croient plus aux institutions politiques ni économiques. »

Ed Finn, Canadian Forum, janvier-février 1994

« Le premier et le plus important facteur est l'État par la prohibition... Trop d'impôt en comparaison des services reçus des gouvernements... 82 % des Québécois pensent qu'ils paient plus d'impôt que les autres Canadiens. »

Pierre Fréchette, Bernard Fortin et Joëlle Noreau, Interface, mars-avril 1992

« "L'économie souterraine prive l'État de 55 à 90 milliards de revenus imposables" [...] La société est tolérante face aux activités illégales comme la contrebande de cigarettes et d'essence [...] La croissance du fardeau fiscal amène les Canadiens à vouloir dissimuler une plus grande part de leur activité économique [...] Le seuil de tolérance des individus qui paient est atteint face à ceux qui trichent le système. »

Jean Garon, Les Affaires, 23/29 octobre 1993

« La seule raison pour laquelle nous payons des impôts c'est parce que c'est la loi et non pas parce qu'on doit financer les programmes dont bénéficient tous les Canadiens. »

Thomas Hurka, Globe and Mail, 30 avril 1991

« La fraude fiscale peut être attribuée à la croissance du niveau des taxes en comparaison avec les autres pays, à l'augmentation des individus qui travaillent à leur compte et à l'augmentation des communautés ethniques. »

Greg Ip, The Financial Post, *décembre 1993*

« Les riches placent leur argent dans des paradis fiscaux... Les riches qui demeurent en Ontario pensent à mettre sur pied des *Holding companies* dans d'autres provinces telle l'Alberta. »

Arthur Johnson, Canadian Business, *septembre 1991*

« Les Canadiens ont développé la fraude fiscale parce qu'il y a trop de taxes, parce que le fardeau fiscal est trop lourd... Les réglementations sont aussi un autre facteur... Les Canadiens croient qu'ils ne reçoivent pas autant qu'ils donnent de la part du gouvernement. Ils sont persuadés que les gouvernements les trompent. »

Pierre Lemieux, Globe and Mail, *31 janvier 1994*

« Augmentation de l'utilisation d'argent comptant et de la contrebande afin d'éviter les taxes... Selon une étude faite par un économiste de Toronto, l'économie souterraine a commencé à augmenter avec la TPS en 1991. »

Bruce Little et Alan Freeman, Globe and Mail, *21 mai 1993*

« La TPS a été introduite dans une période de récession, ce qui a probablement incité les gens à la fraude fiscale, au marché noir afin de ne pas avoir tout l'impact de la récession sur eux. »

Peter Spiro, Canadian Tax Journal, *1993*

« 8 360 Canadiens qui gagnent plus de 50 000 $ n'ont pas payé de taxes en 1991, la raison est qu'ils sont exemptés sur leur gain en capital. »

The Financial Post, *janvier 1994*

« 250 Canadiens qui ont un revenu de plus de 250 000 $ n'ont pas payé d'impôt pour l'année 1990. 250 est un petit nombre sur les 35 850 Canadiens qui font partie de l'élite avec des revenus de plus de 250 000 $... Les analystes disent que les fermiers et les propriétaires de petites entreprises sont des individus qui fraudent. »

The Financial Post, *décembre 1992*

« La TPS et la TVQ ont fait exploser le marché noir... Le travail au noir s'éleverait à 10 milliards de dollars par année au Québec... Quatre Québécois sur dix font ou font faire du travail au noir... Il y a trop de réglementations... Dans le sondage réalisé, 8 répondants sur 10 considèrent que le travail au noir est une pratique normale (21 %) ou acceptable en raison du contexte économique (58 %). Seulement 17 % jugent qu'il est une forme de vol collectif... Le travail au noir est plus fréquent chez les emplois qui nécessitent peu de formation. »

Francis Vailles, *Les Affaires, 3 octobre 1992*

« Les riches et les entreprises sont les mieux placés pour éviter les taxes... Les citoyens (un sur quatre), quant à eux, ne déclarent pas les intérêts sur leur placement. »

Charles A. White, *Canada and the World, 11 octobre 1990*

« 33 % des répondants lors d'un sondage ont dit qu'ils avaient payé en argent comptant leurs biens et services pendant les 12 derniers mois afin d'éviter la taxe de vente... 42 %, des résidents du Québec étaient plus intéressés à éviter les taxes par les années passées, probablement le résultat de l'augmentation considérable des taxes sur le tabac... 35 % des Ontariens avouent avoir évité les taxes de vente durant les 12 derniers mois... 29 % en Colombie-Britannique... 23 % dans les provinces de l'**Atlantique**... 21 % des résidents dans les provinces des Prairies. »

Toronto Star, *29 novembre 1993*

« L'économie souterraine coûte à la province de Québec environ 975 millions de dollars par année en taxes perdues... Le total des taxes perdues est passé de 975 millions de dollars à presque 1,2 milliard selon les estimés... Le gouvernement veut agir contre le marché noir, mais il ne sait pas comment intervenir. »

Calgary Herald, *4 janvier 1994*

« Ottawa est le responsable de la fraude fiscale... Tout le monde semble s'entendre pour dire que la fraude fiscale est une révolte contre les taxes trop élevées... Pour certains jeunes, la fraude fiscale est une protestation contre les taxes... Les acheteurs payent en argent comptant et les vendeurs ne collectent pas la TPS. »

Beth Gorham et Larry Welsh, The Chronicle-Herald, *3 février 1994*

AVANT-PROPOS

Une grande part des recherches entreprises sur les attitudes et les comportements des contribuables ont été conçues selon une approche qui mettait délibérément l'accent sur la dimension économique ou sur les aspects psychologiques du phénomène. Leurs auteurs postulaient que le contribuable est un être calculateur et rationnel pour qui le gain pécuniaire constitue l'objectif premier. Ou encore, ils posaient comme prémisse que la plupart des individus sont, sur le plan psychologique, réfractaires à l'idée même de l'imposition. Ces études, dans la majorité des cas, sont parvenues à dégager des modèles pertinents et fort utiles pour le développement des connaissances ainsi que pour l'élaboration des politiques gouvernementales. Trop peu de recherches, hélas, ont été consacrées à l'examen spécifique de la relation particulière entre l'individu et l'État, en tant que citoyen et contribuable.

À l'époque où nous avons décidé de sonder le cœur et les reins du contribuable québécois sur sa perception du système fiscal et sur son comportement en la matière, notre intention était de vérifier l'hypothèse d'un lien de causalité entre la délinquance fiscale et l'opposition aux gouvernements et à leurs politiques. Nous croyons avoir trouvé qu'un tel lien existe, mais dans une mesure plus modeste que nous l'avions d'abord pensé. En revanche, nous avons constaté, comme l'avaient déjà proposé plusieurs auteurs, que le comportement du contribuable est déterminé par un ensemble de facteurs en constante interaction.

L'ouvrage que nous proposons aux lecteurs constitue un rapport synthèse de l'enquête menée par sondage auprès d'une population de 1 017 personnes âgées de 18 ans et plus et résidant en permanence dans la région métropolitaine de Montréal. Cet échantillon, choisi selon une méthode reconnue, est selon nous, véritablement représentatif du Québec actuel.

Nous avons rejeté d'emblée l'idée de faire un ouvrage savant, réservé à la confrérie des chercheurs. Nous avons opté pour un livre d'information, qui, sans la provoquer délibérément, ne cherche pas à éviter toute polémique. Nous avons aussi choisi d'enrichir les données de notre enquête de commentaires, d'éléments théoriques et de données comparatives ; ceci, dans le but d'éclairer et de mettre en perspective les réponses des personnes interviewées.

Cette étude a été effectuée dans le cadre du programme de recherche sur le comportement du contribuable, pour lequel nous avons bénéficié de l'aide financière du Conseil de recherches en sciences humaines du Canada et du ministère du Revenu du Québec. Nous avons pu compter aussi sur l'expertise et le dévouement de Jean Noiseux, dont la maison de sondage, Sondagem, a effectué avec beaucoup de doigté le travail de terrain et la production des données. Il faut, enfin, rendre hommage à Sheyla Dussault qui a compilé les données statistiques sur l'effort fiscal des provinces canadiennes et qui a mis au point l'indice de dépendance fiscale proposé au chapitre 7. Nous voulons aussi souligner la contribution de nos étudiants gradués, Martin Comeau, Sarah Fortin et Valérie Lantagne, dont le travail nous a été plus que précieux.

INTRODUCTION

La crise des finances publiques, qui affecte la plupart des pays industrialisés, a propulsé à l'avant-scène de l'actualité les rapports conflictuels qu'entretiennent depuis toujours le fisc et le contribuable. Tout récemment encore, le Québec a connu des manifestations de désobéissance fiscale à l'occasion desquelles la population a pu être sensibilisée aux contrecoups d'une taxation abusive, du moins le croit-on dans certains milieux, d'un bien de consommation courante : la cigarette. La révélation de certains faits concernant les politiques du ministère du Revenu du Québec laisse, d'autre part, planer des doutes quant au principe de justice pratiqué en matière d'administration des impôts. Ajoutons à cela le débat sur l'ampleur de l'économie souterraine et nous pouvons rapidement convenir de l'importance de la question, de la pertinence d'en rechercher les faits probants et du besoin d'en connaître les causes.

Notre question de départ était la suivante : le contribuable québécois est-il un honnête citoyen qui s'acquitte spontanément et consciencieusement de ses devoirs fiscaux ou, au contraire, un fraudeur à la petite semaine qui dissimule au fisc tout ce qu'il peut ? Si tel est le cas, ses actes en font-ils un simple malfaiteur ou, au contraire, un héros qui combat les gouvernements qui eux ne se font pas scrupule de détrousser le citoyen ? Pour répondre à ces questions, nous nous sommes servis de l'hypothèse du vote fiscal, dont nous avons tiré un modèle théorique.

Ce modèle du comportement fiscal met en présence deux interlocuteurs : le contribuable, d'une part, et, d'autre part, l'État, sous l'une ou l'autre de ses diverses formes. Le premier possède une culture, au sens sociologique du terme, qui l'amène, à divers moments de son existence, à adhérer à une vision particulière de ce que doit être le second ; c'est ce que nous appelons, pour fins de commodité, la norme d'État. Cette vision n'est pas cristallisée, elle change avec le temps et avec l'expérience sociopolitique, voire économique du contribuable. La norme d'État pourra donc osciller entre le modèle de l'État relativement petit et peu interventionniste, comme le réclament les tenants du libéralisme, et le modèle de l'État omniprésent et tout-puissant, que ne renieraient pas les socialistes de tendance pure et dure. Notre modèle prévoit aussi que le contribuable ajoutera à cette norme la conception qu'il a de sa propre compétence politique. Encore là, il se positionnera sur un continuum dont les extrémités, dans ce cas, seront l'aliénation, au sens de l'incapacité, et le pouvoir. Le rapport entre les deux objets de référence (norme et capacité) est aléatoire, en ce sens qu'il est différent d'un individu à l'autre. Enfin, le modèle prédit que la norme d'État et la compétence politique détermineront l'attitude du contribuable et l'amèneront à adopter un comportement à l'égard de la taxation.

Tout cela est fort théorique, nous en convenons. Cependant, pour nous chercheurs, cela est essentiel parce que cela nous permet de structurer nos enquêtes et de formuler des questions pertinentes. En clair, nous avons cherché à savoir si oui ou non le contribuable exprime son opposition aux politiques et aux pratiques des gouvernements auxquels il est assujetti. Cette opposition, dans notre esprit, va bien au-delà du simple mécontentement ; passé un certain seuil, elle verse dans la désobéissance civile.

Nous pensons que, si le citoyen et contribuable conçoit sa position face à l'État comme de l'impuissance (aliénation) et qu'en plus il perçoit l'État comme étant tout-puissant, ce contribuable sera tenté d'emprunter la voie de la délinquance fiscale. Il exprimera, par ce choix, un sentiment complexe de contestation, de frustration, de rejet et de crainte. Nous croyons, en somme, que le comportement du contribuable constitue un vote de confiance ou, à l'inverse, une motion de non-confiance envers les autorités gouvernementales; d'où l'expression « vote fiscal » que nous utilisons parfois.

Pour vérifier la justesse de notre hypothèse du vote fiscal, nous avons interrogé les Québécois sur l'état de l'économie, leur intérêt pour les questions d'argent et de finance, leurs sentiments à l'égard des gouvernements et des administrations publiques, et leur évaluation de la justice et de l'équité des politiques fiscales. Nous avons également voulu recueillir leur opinion sur le phénomène de la fraude et les motifs des comportements fiscaux illégitimes et délictueux. Ces différents thèmes nous ont permis d'observer les sentiments et les attitudes des Québécois sous les divers angles de leur environnement social, économique et politique. Notre enquête rappelle, à certains égards, celle effectuée en 1984, pour le bénéfice du gouvernement américain, par Yankelevitch, Skelly et White[1]. Leur étude cherchait à identifier l'ensemble des facteurs – les facteurs démographiques, les valeurs sociales, les perceptions du système des impôts – qui contribuent à l'émergence des problèmes de fraude fiscale.

Nous avons organisé notre rapport d'enquête de manière évolutive, de sorte que le lecteur puisse constater, chapitre après chapitre, la progression logique de notre compréhension du comportement fiscal du contribuable. Cependant, le premier et le dernier chapitre sont consacrés l'un à la définition du phénomène qu'est la fraude fiscale, l'autre à un exposé de statistiques sur le fardeau fiscal réel du contribuable canadien et québécois. Ce dernier chapitre permettra au lecteur de constater les illusions qu'entretiennent les contribuables à l'égard de la fiscalité; illusions qui, trop souvent hélas, déterminent leurs attitudes et leurs comportements. Entre ces deux points d'ancrage, nous avons inséré successivement un chapitre sur la conjoncture économique et les questions d'argent, un chapitre sur la société et l'individu québécois, un chapitre sur l'État et les rôles et performances des gouvernements, un chapitre sur le système fiscal et, enfin, un chapitre sur l'attitude des Québécois envers la fraude fiscale.

---

1. Les paramètres et les conclusions de cette étude ont été rapportés par Madelyn Hochstein dans son article « Tax Ethics: Social Values and Noncompliance », dans *Public Opinion*, février-mars 1985, p. 11 à 14.

LA FRAUDE FISCALE

Qu'est-ce que «frauder l'impôt»? La fraude fiscale, comme l'a déjà définie très simplement Maurice Lauré[1], est le fait de donner délibérément une fausse représentation de la vérité afin d'échapper à l'impôt. Le fraudeur procède, la plupart du temps, par la dissimulation matérielle, par les écritures comptables trompeuses ou encore par la dissimulation juridique. La contrebande constitue une bonne illustration de ce qu'est la dissimulation matérielle; elle permet de ne pas payer les droits de douane qui, sur certains produits, peuvent être très élevés. Au Québec, selon diverses sources et notamment les médias, les produits de contrebande les plus populaires, si on peut dire, sont les cigarettes, l'alcool et les bijoux. On ne peut inclure dans cette liste la drogue, dont de toute manière la consommation est interdite. Cette précision n'est pas inutile puisque la fraude fiscale suppose l'existence d'un impôt, d'une taxe ou d'un droit quelconque. Or, étant interdite, la drogue n'est pas imposable. Elle le deviendra le jour où elle sera en vente libre; ce n'est pas demain qu'une telle chose arrivera au Canada et au Québec et ce n'est peut-être pas souhaitable, quoi qu'en disent certains. La recrudescence du magasinage outre-frontière par les Canadiens, à une époque encore récente, montre bien que cette pratique de la dissimulation matérielle d'objets imposables tend à s'inscrire dans

---

1. Voir Maurice LAURÉ, *Traité de politique fiscale*, Paris, 1956.

les mœurs, ce qui a certes pour conséquence d'alléger, dans l'esprit de ceux qui s'y adonnent, la gravité du geste.

2. Les écritures comptables, pour leur part, permettent la double tenue de livre, l'une pour le fisc, l'autre pour les gestionnaires, où sont consignés les activités et les résultats réels de l'entreprise. En plus de faciliter l'amalgame des dépenses personnelles et des frais généraux, cette pratique ouvre la voie à l'abus d'amortissements, à la vente sans facture et, inversement, à la facturation sans vente. La double tenue de livre, dans la mesure où on parvient à la détecter, fournit aussi des informations pertinentes sur l'importance du travail au noir, appelé aussi économie souterraine. Peu de secteurs industriels et commerciaux échappent à ces procédés frauduleux, certains étant cependant des terrains plus marécageux que d'autres : la construction domiciliaire, par exemple.

3. Quant à la dissimulation juridique, elle consiste – pour reprendre les termes de Gaudemet et Molinier – à « maquiller une situation de fait derrière une situation juridique apparante moins exposée[2] ». C'est notamment le cas lorsque les revenus tirés de la participation aux bénéfices d'une compagnie sont encaissés sous forme de salaire, ou encore lorsqu'on fait passer pour une vente ce qui est en fait une simple donation. Cela ne constitue, le lecteur s'en doute bien, qu'un petit échantillon des pratiques de fraude fiscale. On ne les connaît pas toutes, malheureusement pour le fisc.

Le contribuable, c'est connu, agit d'une manière tout à fait correcte ou triche. Dans l'un et l'autre cas, soit il est sincère, soit il se fait des illusions sur son honnêteté. On associe généralement conformité et légalité, délinquance et illégalité. Pourtant, nous devrions être plus prudents et plus nuancés et dire que légitimité et légalité ne sont pas synonymes et que les abus des contribuables sont parfois hors d'atteinte des sanctions légales. En effet, bien des moyens légaux d'alléger le fardeau fiscal ouvrent la porte à des exagérations de toutes sortes. Des abonnements aux matchs de hockey, achetés au nom de la compagnie, mais servant surtout à la famille immédiate, aux dons de charité

---

2. Paul-Marie GAUDEMET et Joël MOLINIER, *Finances publiques*, tome 2, Paris, Montchrestien, 1993.

médiatisés, qui contribuent à la publicité et au marketing de produits, les exemples sont nombreux d'occasions où le contribuable sera fortement tenté d'étirer certains dégrèvements autorisés par le fisc.

Ces exonérations et ces crédits d'impôt ne sont pas, au départ, des gestes frauduleux, parce qu'ils sont expressément permis par la loi de l'impôt. Cependant, et là se trouve le danger, ces allègements pavent la voie à des abus qui, sans être clairement illégaux, ne sont pas pour autant totalement légitimes et contribuent à perpétuer l'injustice sociale en fournissant à ceux qui en bénéficient des avantages qu'ils n'auraient pas autrement. Ceux qui abusent ainsi de la bienveillance du législateur font ce qu'il convient d'appeler de l'évasion fiscale ; ils agissent ainsi à la limite du légal et du légitime, utilisant à leur profit personnel davantage la lettre de la loi que son esprit. Le fraudeur volontaire, au contraire, est bien conscient de l'illégalité de son geste et sait pertinemment qu'il encourt des sanctions s'il est repéré et condamné. Il y a donc fraude et fraude ; celle que l'on reconnaît et celle que l'on feint d'ignorer.

Si l'intention délibérée est la première caractéristique de la fraude envers le fisc, il faut aussi s'interroger sur l'ampleur de la pratique. D'un point de vue juridique, toute manœuvre non autorisée par la loi, aussi bénigne soit-elle, qui vise à soustraire au fisc une partie de la matière imposable doit être considérée comme une fraude. Fort bien ! En revanche, l'impôt étant par définition un prélèvement forcé, sans contrepartie obligée en matière de services publics, la dissimulation occasionnelle et circonscrite à des objets peu significatifs agit comme une soupape de sécurité qui empêche la marmite d'exploser. Bien sûr, l'accumulation de ces broutilles peut constituer, en bout de piste, un gros et coûteux problème. Mais la question demeure : peut-il en être autrement ? Ces petits gestes anodins peuvent-ils être totalement enrayés ? Nous ne le croyons pas, car l'État n'est pas encore une entité totalitaire qui assigne en permanence un policier à chaque citoyen. Alors, nous disons donc que la fraude est aussi une question de tolérance de la part des autorités fiscales et qu'elle est fonction de l'échelle de la pratique individuelle.

De toute façon, lorsque l'on demande aux individus s'ils fraudent le fisc sans leur donner au préalable une définition précise de ce type de comportement, ils répondent massivement par la négative. Par contre, lorsqu'ils sont confrontés à des éléments de définition, ils perçoivent très bien le caractère délinquant des actions frauduleuses, ainsi que nous aurons l'occasion de le voir lors de l'exposé de nos résultats d'enquête. En somme, le simple réalisme oblige à considérer le phénomène à partir d'une certaine ampleur et d'une certaine fréquence. Bref, nous suggérons, et c'est là une proposition toute personnelle, qu'on dise qu'il y a fraude fiscale lorsqu'il y a répétition et constance de la pratique ou, encore, lorque la valeur de l'objet de la fraude interdit de considérer le geste comme anodin et sans incidence immédiate. Ainsi, le grille-pain acheté à Plattsburgh et non déclaré à l'aimable douanier du poste frontière n'est pas inclus dans notre définition utilitaire de la fraude fiscale. Par contre, la douzaine de grille-pain le serait.

Bref, la fraude fiscale procède d'une intention délibérée et se manifeste par des gestes fréquents, portant sur des objets d'une importance significative pour le contribuable concerné. Cette définition, nous en convenons, est en opposition à la loi et à la morale. C'est un geste répréhensible, comme l'indique l'Église de Rome, pour qui l'exigence morale de la soumission à l'autorité et de la coresponsabilité du bien commun (article 2240 du catéchisme, revu et corrigé) incluent le paiment des impôts, le droit de vote et la défense du pays. Cependant, en cette matière comme en d'autres, la notion de péché demeure une question délicate et complexe, pas toujours au diapason de la vie de tous les jours. De plus, la contribution fiscale sous toutes ses formes est un déplaisir qui s'accommode très mal du désir humain – à l'exception, bien entendu, des masochistes et de quelques mystiques – de chasser la douleur et la privation.

LES DIVERSES RAISONS DE FRAUDER LE FISC *caractère d'un délit*

L'accroissement des comportements fiscaux délictueux n'est pas imputable à une seule cause. Au contraire, il peut fort bien être une des conséquences d'une accumulation de motifs et de frustrations ressenties ou appréhendées. Il serait le résultat de malaises profonds et difficilement discernables de prime abord. Lucien Mehl et Pierre Beltrame[3] ont écrit précisément que le comportement du contribuable dépend de multiples facteurs, entre autres, de son milieu social et professionnel et des conditions d'assujettissement à l'impôt. Ils ont ajouté, et là se trouve à notre sens leur principal apport à la connaissance du phénomène, qu'à la source des comportements frauduleux se trouve un appauvrissement marqué du sens du devoir fiscal. Ce serait donc, au premier chef, un problème de valeur et un problème de société. C'est à cette enseigne que nous entendons nous loger dans le cadre de cet ouvrage. Par contre, un problème de société peut avoir plusieurs facettes, et c'est ce que nous allons voir brièvement.

Les chercheurs ont d'abord cru que les raisons qui incitent le contribuable à frauder le fisc sont principalement économiques. Dans leurs études, il faut le déplorer, les motifs d'ordre politique, moral, psychologique, voire technique, tenaient trop souvent une place secondaire. Aujourd'hui, l'état des connaissances en la matière nous force à examiner autrement le phénomène à partir d'un postulat plurifactoriel.

Les motifs économiques

Ceux qui abordent la fraude fiscale à partir d'un angle étroitement économique prétendent que le contribuable se livre à des analyses coûts-bénéfices avant d'adopter un comportement délinquant ou de choisir, au contraire, de se conformer aux lois de l'impôt. Ils avancent que la fraude procure à celui qu'il la commet un gain proportionnel au fardeau fiscal qu'il supporte. Ils ont même fait valoir, par exemple, que lorsque le risque d'être piégé par le fisc à l'issue d'une déclaration frauduleuse est grand, le seul élément pris en considération par le contribuable serait alors le calcul économique. Dans de telles conditions, le contribuable ne se risquerait à tricher que s'il est certain que cela lui rapportera une somme substantielle et que les pénalités encourues seront plutôt légères.

Par ailleurs, l'incitatif économique au gain frauduleux dépend, dans une certaine mesure, de la conjoncture économique. En période

---

3. Lucien MEHL et Pierre BELTRAME, *Science et technique fiscale*, Paris, PUF, 1984, p. 754.

de récession, on peut naturellement penser que le contribuable, à défaut d'accroître son pouvoir d'achat, va chercher à le maintenir. La fraude fiscale lui fournit un moyen rapidement accessible et relativement efficace d'y parvenir. Ce besoin n'est pas aussi pressant dans un contexte de croissance économique, puisque le poids des impôts et l'augmentation du fardeau fiscal peuvent être aisément compensés par la majoration du revenu. Dans ce dernier contexte, le comportement illicite est moins attrayant : on en voit mieux les conséquences fâcheuses, alors qu'on n'est pas obnubilé par la perspective de la perte de revenus. Voilà un premier bémol pouvant être mis à la toute-puissance de l'analyse économique de la fraude fiscale.

Ce type d'analyse oublie trop facilement aussi que l'attrait de l'argent facile peut, malgré tout, demeurer peu séduisant aux yeux du citoyen dont le système de valeurs personnelles l'amène davantage à préférer une réputation sans tache à une richesse au demeurant aléatoire et parfois bien éphémère. Alors que tout l'incite à tricher et que les probabilités apparaissent favorables, il se peut aussi qu'un contribuable saisisse l'occasion et contrevienne à la loi, mais pour des raisons parfois très éloignées des considérations bêtement pécuniaires. C'est ce qu'a su bien exprimer Massimo Bordignon[4]. S'appuyant sur l'observation d'un taux élevé de conformité fiscale dans de nombreux pays et utilisant plusieurs sondages d'opinion indiquant que la fraude fiscale serait un effet de la perception par les contribuables des iniquités du système d'impôt, il a proposé un modèle qui prédit qu'une partie des contribuables ne frauderont pas, même si leur intérêt économique immédiat leur commanderait de le faire. Le modèle de Bordignon précise par ailleurs que le niveau de délinquance s'élève avec la hausse du taux de taxation. Enfin, l'évaluation par le contribuable de la performance générale des dépenses publiques influence le niveau de conformité fiscale dans la population.

Ce qui transpire de ce modèle, c'est que le contribuable établit un rapport qualité/prix en ce qui concerne les dépenses publiques. Un rapport défavorable constituerait, dans cette perspective, un motif de

---

4. Massimo BORDIGNON, « A Fairness Approach to Income Tax Evasion », dans *Journal of Public Economics,* vol. 52, n° 3, North-Holland, octobre 1993, p. 345 à 362.

fraude. Il y a, chez Bordignon, une teinte politique que l'on ne retrouve pas en général dans les modèles économiques. Cette dimension politique, nous la retenons comme un des éléments de notre propre modèle, que nous exposerons un peu plus loin dans ce livre. On retiendra donc que les raisons économiques n'arrivent pas à rendre compte, à elles seules, du phénomène de la fraude fiscale.

Les motifs techniques

L'appât du gain et le mécontentement du citoyen n'ont de chances de créer des comportements frauduleux que si les faiblesses du système fiscal en place et l'habileté du contribuable ou du fiscaliste à contourner les dispositions de la loi le permettent. Prenons le cas de celui dont le portefeuille permet de recourir aux services d'un comptable ou d'un avocat spécialisé en fiscalité. Ce contribuable risquera d'autant plus aisément qu'il sait que l'intermédiaire entre lui et le fisc connaît tous les aspects légaux et illégaux de la loi de l'impôt et saura la manier habilement au profit de son client ; surtout si ses honoraires sont calculés en fonction du gain fiscal. La France nous a fourni un bon exemple de cela. Pour la seule année 1967, près de 50 % des membres des professions libérales dont les déclarations d'impôt ont fait l'objet de vérifications aléatoires ont vu le fisc rehausser leurs cotisations.

Paradoxalement, une enquête commanditée par l'hebdomadaire *Le Nouvel Observateur* et rapportée dans l'édition du 22 mars 1985 (p. 37) établissait que les experts-comptables occupent le tout premier rang au palmarès des meilleurs contribuables. Est-ce à dire que les membres de cette profession sont plus respectueux des lois fiscales, qu'ils connaissent mieux les risques encourus ou qu'ils sont surtout plus aptes à les contourner légalement ? On n'est sûr de rien, et toutes les hypothèses demeurent ouvertes. Nous verrons d'ailleurs, dans les résultats de notre enquête, qu'une partie importante des Québécois est persuadée que l'habileté de certains individus ou de certaines entreprises rend encore plus injuste un système déjà considéré comme partial au départ[5]. André Margairaz et Roger Merkli[6] ont poussé plus avant la réflexion sur les

5. Voir, à la page 44, la distribution des réponses à la question Q9B.
6. André MARGAIRAZ et Roger MERKLI, *La fuite devant l'impôt et les contrôles du fisc*, Lausanne, Margairat, 1985, p. 6 et 7.

motifs techniques et ont noté que, en plus des lacunes de la loi fiscale, la formation déficiente des agents du fisc et l'action de conseillers fiscaux peu scrupuleux à l'égard du fisc sont d'autres facteurs d'ordre technique qui peuvent stimuler l'évitement.

Les raisons techniques de frauder l'impôt appartiennent à la conjoncture qui affecte le contribuable et, en ce sens, elles sont, comme l'état de l'économie, des accélérateurs ou des freins au comportement délictueux. Ceci est différent de l'appât du gain, qui nous semble plutôt être un motif lié à la personnalité du contribuable. En cela, il s'apparente aux raisons morales et psychologiques de la fraude fiscale, motifs qui, à nos yeux, offrent de meilleures pistes d'analyse, l'individu entretenant avec les impôts et les taxes des rapports fortement émotifs.

Les motifs moraux et psychologiques

Les contribuables, en général, sont très sensibles aux questions de justice et d'équité. Leurs attitudes et leurs comportements en sont fortement influencés. On peut dire que dès qu'un privilège est consenti à un individu, à une catégorie définie de personnes ou, encore, à des entreprises – et bien que ce soit pour une durée limitée et une fin précise –, cette décision risque de passer pour du favoritisme et de constituer de ce fait un déni de justice envers les autres contribuables. Or, ce qui confère indéniablement valeur et autorité à une loi, quelle qu'elle soit, ce sont précisément les caractères d'universalité, de stabilité et d'impartialité de son application. Aucune loi fiscale ne s'applique réellement de manière universelle et impartiale, ne serait-ce qu'en raison de la nécessité de personnaliser les impôts, au nom, justement, de la justice et de l'équité entre les contribuables. Cette difficulté de concilier la justice d'imposition (le choix des objets imposables et de ceux qui doivent contribuer) et l'équité (l'effort fiscal demandé à un contribuable) cause chez les individus un problème moral. Devant ce qu'il considère, à tort ou à raison, une injustice, le contribuable doit-il se soumettre comme le stipule la loi ou doit-il se révolter comme l'exigerait le « bon droit » ? Il n'y a pas de bonne réponse à cette question.

Mehl et Beltrame soutiennent que l'impôt constitue une obligation sociale, dont la nature et l'étendue dépendent des conceptions de la société considérée, et notamment l'idée qu'elle se fait du devoir et de la justice[7]. Ils nous renvoient ainsi, beaucoup trop facilement, osons-nous ajouter, à l'ordre culturel des choses. Dans une société à la recherche de ses valeurs, comme l'est le Québec d'aujourd'hui, et où le mot « justice » est apprêté à la sauce des revendications de tous et de chacun, la réponse de Mehl et de Beltrame est d'un faible secours. Il faut se rabattre sur l'interprétation individuelle. En d'autres mots, le comportement du contribuable se déterminerait en fonction du rapport qu'il établit entre les obligations du devoir fiscal du citoyen et son évaluation de la justice du système des impôts. Cela suppose qu'un fort sentiment d'injustice fiscale incite le contribuable à poser des gestes à l'égard du fisc dans le but de refaire l'équilibre entre le devoir et la justice. Le danger est alors que l'individu confonde son intérêt personnel avec sa perception des imperfections du système. Tout ce qui entrave la progression de son enrichissement est vite assimilé à de l'abus de la part de l'État. Il se trouve alors inévitablement un Jean-Claude Martinez[8] pour voir, dans les décisions de politique fiscale, une juste cause pour la fraude fiscale.

Du sentiment d'injustice au sentiment d'oppression, en effet, il n'y a qu'un pas qu'un bon nombre de personnes s'empressent de franchir allègrement. Cela s'explique dans la mesure où le fardeau fiscal comporte en lui-même un seuil de tolérance que l'on croit toujours infranchissable. Il y a une limite psychologique à l'imposition qui est différente de celle de la capacité économique de contribution aux finances publiques tout comme elle est différente de la limite morale de la taxation. Pour l'individu, l'impôt, avant de se transformer éventuellement en une prestation de services publics individuels et collectifs, est une privation de ses propres ressources. Nul ne saute de joie à la perspective de se priver d'une part des ressources qu'il estime avoir acquises honnêtement et à la sueur de son front. Dès que les autorités gouvernementales manifestent l'intention d'alourdir la taxation, il est presque naturel que des voix s'élèvent pour crier à l'oppression et pour associer les décisions de l'État à une véritable spoliation.

♢ dépouiller d'un bien violemment injustement

L'impôt est donc avant tout une privation subie individuellement et plus ou moins bien tolérée selon les circonstances, les ressources

---

7. MEHL et BELTRAME, *op.cit.*, 1990, p. 720.
8. Jean-Claude MARTINEZ, « La légitimité de la fraude fiscale », dans Bernard BECK et Georges VEDEL, *Études de finances publiques*, Paris, Economica, 1984, p. 921 à 942.

dont dispose le contribuable, la culture de la société, la personnalité de l'individu ainsi que le niveau de taxation en vigueur. Tous ces facteurs, se conjuguent pour créer un climat favorable ou défavorable aux actes frauduleux. Il reste cependant un motif dont on parle peu, mais qui est très présent dans les débats publics actuels : le motif politique.

LE VOTE FISCAL DES CITOYENS

1 - Le motif politique.

On sait, depuis longtemps déjà, qu'une des causes importantes des grandes et petites révolutions a été l'exercice, par le pouvoir, d'une tyrannie fiscale au profit de la classe dirigeante. Cela a été le cas notamment de la Révolution française, de la révolution russe et, sous certains aspects, de la révolution américaine. Les Noirs américains ont fort bien compris les leçons de l'histoire, et leurs dirigeants les plus durs ont préconisé la résistance à l'impôt comme moyen efficace de lutter pour la reconnaissance de leurs droits. On a pu lire, dans un manuel destiné à la formation du parfait petit militant : «Tax refusal... This is a drastic tactic, yet it has often been used in struggles in the past in various parts of the world... and the strength of the tactic has made tax refusal effective in some campaigns[9]. » D'autres activistes, jugés beaucoup moins violents, tels les Musulmans noirs par exemple, ont sciemment inclus dans leur programme politique la revendication de l'exemption fiscale totale, et ce, jusqu'à ce qu'ils bénéficient de la même justice que celle appliquée à tous les citoyens américains[10]. La position des autochtones canadiens sur les impôts et les taxes n'est pas très éloignée de la philosophie des activistes noirs américains. On pourrait d'ailleurs dire que cela constitue un dénominateur commun à tous les groupes qui se considèrent comme des exclus de la société.

On pourrait dire, fort à propos, que ce qui précède a peu à voir avec la fraude fiscale. C'est exact, dans la mesure où le refus de l'impôt n'est pas à proprement parler dissimulation d'un objet frappé d'imposition. Cependant, ces références illustrent bien le fait que les impôts et les taxes peuvent, à certains moments, constituer des enjeux politiques

---

9.   Voir *A Manual for Direct Action*, 1969, p. 81.

10.   Voir *The Negro in American History*, vol. I, 1969, p. 79.

majeurs. C'est la même chose pour la fraude fiscale. On peut la pratiquer pour différentes raisons d'ordre politique, qui vont du simple désaccord avec le niveau de taxation, avec une politique publique particulière ou avec une certaine pratique administrative jusqu'au rejet idéologique du parti au pouvoir.

La fraude fiscale serait, dans son sens politique, l'expression d'un mécontentement, voire d'une frustration non exprimée. C'est la thèse de B. Guy Peters[11], qui a tenté de faire valoir que, là où s'active un mouvement de protestation contre la fiscalité, le taux de fraude est plus faible, les citoyens ayant à leur disposition un outil ou une tribune pour exprimer leur mécontentement. À l'inverse, là où il n'existe pas d'organisation de cette nature, l'électeur ne peut espérer se faire entendre par ses gouvernants qu'une fois tous les quatre ou cinq ans, ce qui est, bien sûr, trop peu fréquent. Trop espacées dans le temps, en effet, les élections ne parviennent pas à procurer au contribuable le sentiment de pouvoir modifier les choses et d'apporter les changements néces- saires, face au puissant appareil qu'est l'État. En d'autres termes, la fraude fiscale supplée, entre deux élections, à l'impuissance politique ressen- tie par le citoyen ordinaire, dénué de moyens de pression efficaces. En cela, le chemin de la déliquance serait une voie pour se faire entendre. C'est là une vision noble d'un geste qui, au départ, relève surtout des pulsions égoïstes et antisociales que porte en lui chaque individu.

Nous ne croyons pas en l'existence de Robin des bois de la taxation. Cela ne veut pas dire pour autant, et répétons-le, que frauder le fisc est un acte gratuit. Il n'en est rien. Si on oublie un instant la grande entre- prise qui pratique l'évasion fiscale comme elle respire, les contribuables individuels, en chair et en os, trichent pour des raisons diverses, entre autres, parce qu'ils n'acceptent pas les autorités gouvernementales du moment. Bien sûr, ce n'est pas le motif premier qu'invoqueraient la majorité des gens pour justifier leur propre comportement ou celui du voisin. La raison la plus souvent citée, comme nous le verrons subsé- quemment, est économique. Cependant, la fraude fiscale comme mode d'opposition politique est la seule justification acceptable d'un

---

11. B. Guy PETERS a exposé sa pensée dans son ouvrage intitulé *The Politics of Taxation, a Comparative Perspective,* Cambridge, Blackwell, 1991.

comportement, disons-le encore une fois, antisocial. Voyons maintenant comment les résultats de notre enquête illustrent ces propos théoriques sur le comportement du contribuable.

À PROPOS DE L'ÉCONOMIE ET DES QUESTIONS D'ARGENT

Notre questionnaire d'enquête s'ouvrait sur des questions à propos de la situation de l'économie. C'était, à notre avis, une entrée en matière qui s'imposait, vu le lien fondamental et indissociable entre l'économie et la fiscalité. Soulignons, en effet, pour le bénéfice de ceux qui ne sont pas familiers des principes de l'économie publique, que les gouvernements et les administrations, quels qu'ils soient, prélèvent les ressources dont ils ont besoin pour assumer leurs fonctions à même la richesse des personnes physiques ou des entreprises. Cette richesse constitue ce qu'on appelle l'économie privée. De plus, cette même richesse privée évolue selon plusieurs stades : elle est soit en voie de production (le revenu), soit en voie de consolidation et d'accumulation (le capital), soit encore en voie de transformation ou de destruction (la consommation).

Or, le niveau d'activité de chacune des phases de l'économie privée influence directement le volume de ressources financières que peut acquérir l'État par la taxation et, par conséquent, ce niveau a une incidence directe sur la quantité et la qualité des biens et des services publics dispensés aux citoyens. Ces derniers sentent bien, du moins nous l'espérons, qu'une chute du niveau d'activité de l'économie privée, autrement dit une récession, annonce certaines difficultés pour les finances publiques. La recette traditionnelle des gouvernements, pour soigner des budgets enrhumés, a été d'augmenter les impôts et de diminuer les services. S'ils ne faisaient pas cela, ils optaient pour un autre remède dont les effets secondaires à long terme sont pires que le malaise passager : l'endettement. En bout de piste, le résultat est toujours le même : le contribuable paye davantage et reçoit moins.

Par ailleurs, nous avons vu, au chapitre précédent, que la conjoncture économique pouvait avoir un effet d'accélération ou de ralentissement sur la fraude fiscale. Il était donc impératif d'obtenir des répondants au sondage un jugement sur la situation de l'économie et sur les facteurs responsables de cette conjoncture. Les deux premières questions portaient donc sur la conjoncture économique du Québec. Voyons ce que nous avons pu en tirer.

Oui, l'économie va mal

Avant d'exposer les résultats, il faut préciser qu'à l'époque de l'enquête, c'est-à-dire à la fin du printemps de 1993, le Québec et le Canada subissaient les affres d'une récession qui semblait vouloir s'installer à demeure. Les statistiques économiques affichaient un taux de chômage officiel de 11,4 % pour l'ensemble du pays et de 13,4 % pour la seule province de Québec. Au cours du mois de juillet suivant, 30 000 nouveaux chômeurs canadiens se sont ajoutés à une masse de sans-emploi déjà impressionnante[1]. Par contre, la production industrielle avait enregistré au mois de mai une croissance de 6,3 % par rapport à l'année 1992. Les ventes au détail, qui constituent, selon ce qu'on dit à leur sujet, un bon indicateur de la confiance que témoignent les consommateurs à l'égard de la santé de l'économie, étaient en hausse de 3,8 %. Cependant, si on retranche le coût de l'inflation, l'amélioration des ventes au détail n'était plus que de 2 %. La croissance du produit intérieur brut ne devait pas dépasser les 2,4 %, et le taux de change de notre devise, par rapport au dollar américain, amorçait une longue chute dont il a peine à se relever encore aujourd'hui, au grand dam de ceux qui

---

1. Les données concernant l'année 1993 proviennent de Statistique Canada, *La population active*, catalogue 71-001. Les données pour l'année 1992 sont tirées de *The Economist*, « Economics and Financial Indicators », les numéros 7811, 7818 et 7826 des volumes 327 et 328.

fréquentent les plages américaines. Ajoutons que le compte courant du pays accusait un déficit de 21 milliards de dollars. Bref, les économies du Québec et du Canada émettaient peu de signes encourageants, sans parler des difficultés économiques du Grand Montréal, d'où provient notre échantillon de répondants.

QUESTION :   **Diriez-vous que l'économie du Québec va plutôt bien ou plutôt mal présentement ?**

	N	%
Plutôt bien	57	5,7
Plutôt mal	942	93,1
Ne sait pas (N.S.P.)	12	1,2
Pas de réponse (P.R.)	6	–
Total	**1 017**	**100**

Comme l'indique la distribution des réponses à la question ci-dessus, la morosité de l'économie a été fort bien décelée par la population. Les répondants s'entendaient sur le diagnostic à prononcer. À l'exception d'une petite minorité de 5,7 %, les Québécois déploraient en chœur le rendement de leur économie. On se serait attendu à ce que ces quelques individus plutôt contents de la situation générale se distinguent par une ou plusieurs caractéristiques. Ils auraient pu provenir du groupe des mieux nantis ou, à défaut, appartenir aux classes de professionnels ou de cadres. Mais tel ne fut pas le cas. Ni leur âge, ni leur langue, ni leur sexe, ni leur revenu annuel, ni leur niveau d'éducation, encore moins leur occupation principale ne les distinguaient de la majorité. Ils n'étaient donc pas de ces privilégiés à l'abri des contrecoups de l'économie. C'étaient, si on peut s'exprimer ainsi, de ces éternels optimistes que l'on retrouve dans toute population. → *au ignorant ?*

Cette digression sur un groupe, somme toute, plutôt marginal sur le plan de la statistique n'est pas aussi superflue qu'il y paraît à première vue. Le fait que riches et pauvres perçoivent de manière identique la conjoncture économique renforce d'abord l'affirmation de consensus que nous avons faite au sujet de la distribution des réponses. En second lieu, nous sommes sceptiques quant aux probabilités que monsieur et madame Tout-le-Monde puissent s'emballer et être pleins d'enthousiasme à propos de l'économie. C'est comme pour les agriculteurs : il fait trop beau ou trop mauvais, trop chaud ou trop froid, trop sec ou trop pluvieux... Il existerait un vieux fond normand qui interdirait tout débordement d'enthousiasme que nous n'en serions pas étonnés.

À QUI OU À QUOI LA FAUTE ?

On a toujours besoin de désigner un bouc émissaire pour mieux supporter les difficultés de la vie ; l'enfer, c'est les autres, disait Jean-Paul Sartre *(Huis clos,* 1945). Dans ce même esprit, les ratés de la vie économique sont souvent imputés aux grands acteurs de la vie économique que sont, d'une part, les gouvernements et, d'autre part, les entreprises, ce qui n'est pas faux. Du fait que les budgets des secteurs publics occupent une place de plus en plus grande dans les espaces économiques nationaux, les gouvernements deviennent des cibles privilégiées de la grogne populaire.

Au Canada, les dépenses de toutes les administrations gouvernementales confondues représentent quelque 45 % du produit intérieur brut annuel. Au Québec, ces mêmes dépenses publiques sont aujourd'hui de l'ordre de 85 milliards de dollars, soit 52 % du PIB québécois[2] ; ce n'est tout de même pas rien. Il n'y a plus aucun doute, maintenant, la politique budgétaire de l'État, en dépit des querelles byzantines dont elle fait l'objet, a une incidence majeure sur la croissance économique. Environ un dollar sur deux de la richesse annuelle, comme nous venons de le dire, transite entre les mains des administrations de l'État. Il est donc normal, voire naturel, que ce dernier soit sur la sellette en temps de récession.

Rappelons, de plus, que les moyens d'intervention des gouvernements dans l'économie sont nombreux. Ils se servent de leurs budgets de revenus et de dépenses, de la politique monétaire (dans le cas des

---

2. Consulter à ce sujet *Les comptes économiques des revenus et dépenses,* édition 1994, Gouvernement du Québec, Les Publications du Québec, 1994.

gouvernements centraux) et de la législation pour affermir le rythme de l'économie ou pour le ralentir au besoin. Les deux premiers instruments sont les plus facilement perceptibles pour les citoyens, tandis que les activités de régulation de la vie économique au moyen de lois et de règlements sont plus éloignées des préoccupations principales et immédiates des simples citoyens.

Nous avons proposé à notre échantillon de population d'apprécier certains outils de la politique économique des gouvernements et d'en noter le degré de responsabilité envers la santé de l'économie. Les Québécois, comme la plupart des citoyens des pays les plus industrialisés, sont très chatouilleux quant à leur niveau de vie. Les taux d'intérêt pratiqués par la banque centrale, en l'occurrence la Banque du Canada, et par les institutions financières constituent un élément déterminant de leur capacité à consommer des biens et des services. Un taux qui s'élève, lentement ou rapidement, peu importe, signifie pour le consommateur que le coût d'acquisition de biens de prestige comme la maison ou le véhicule gonfle automatiquement et risque de rendre difficilement ou totalement inaccessibles les objets convoités. Dans l'esprit du consommateur, l'accès difficile à un objet, bien ou service, rime avec ralentissement de la croissance individuelle et collective. Il n'y a donc rien d'étonnant à ce que les taux d'intérêt aient été vus par 90 % de la population québécoise comme influençant un peu (20,4 %), assez (28,5 %) ou même beaucoup (40,6 %) l'économie du Québec. Toute hausse du loyer de l'argent, comme le rappelait fort à propos l'OCDE[3], peut ralentir une croissance économique même robuste.

De plus, les citoyens ne sont pas sans savoir, étant donné que les médias et les experts de tout poil le leur rappellent constamment, que la hausse des taux d'intérêt compromet les efforts de réduction des déficits des finances publiques. Chaque hausse annuelle de 1 % du loyer de l'argent fait augmenter les frais de la dette accumulée du seul gouvernement du Canada de 1,7 milliard de dollars[4]. Avec les intérêts composés, cette petite augmentation se transforme rapidement en grosse augmentation, et ce, en quelques années seulement.

3. *Le Devoir,* mercredi 21 décembre 1994, article signé par Joël Bellavance de la Presse Canadienne, page B-3.

4. *Ibidem.*

relire

L'augmentation du coût de la dette nationale accentue les diffi-cultés économiques, en raison de ce que les économistes nomment l'effet d'éviction. Cela signifie, en clair, que les investisseurs et les consommateurs n'ont plus accès qu'à la portion congrue de l'épargne disponible une fois que les gouvernements se sont accaparé des sommes déposées auprès des institutions financières. C'est une roue qui tourne ; un déficit des budgets publics et l'accumulation d'une dette toujours plus importante forcent la Banque du Canada à pratiquer une poli-tique de taux d'intérêt élevée comme prime de risque versée aux créan-ciers internationaux. Bref, les Québécois ont raison de s'inquiéter des retombées économiques du taux d'intérêt.

Il en est de même pour les taxes et l'impôt. Pour les répondants, ces deux types de prélèvement des fonds publics influencent grande-ment l'allure de l'économie. Les taxes légèrement plus que l'impôt, d'ailleurs. Nous avons intentionnellement soumis les répondants à deux questions distinctes : une pour les taxes, une pour l'impôt. Nous vou-lions vérifier si les personnes interrogées pouvaient faire la distinction entre ces deux formes de prélèvement.

impôt   On associe généralement l'impôt au prélèvement direct et progressif sur le revenu des personnes physiques et sur les profits des sociétés. Tandis que les taxes sont associées aux prélèvements liés à la *Taxes* vente, à l'achat ou à la détention d'un bien ou d'un service. Dans le premier cas, le degré de liberté du contribuable quant au prélèvement est très faible. Dans le second cas, la marge de manœuvre est plus grande, puisque tout individu peut décider du volume ou de la valeur du bien qu'il acquiert, vend ou possède. Probablement à cause de la taxe sur les produits et services (TPS) et de la taxe de vente du Québec (TVQ), les Québécois ont estimé, dans une proportion de trois sur quatre, que les taxes influencent beaucoup l'économie et, plus globalement, dans une proportion de 9 sur 10, que ces mêmes taxes influencent beaucoup ou assez l'économie. Dans le cas de l'impôt, il y a un peu moins de personnes (63,1 %) à croire à une forte influence.

L'explication de l'allure différente des réponses dans le cas des taxes et dans le cas de l'impôt réside, à notre sens, dans la nature du mode de prélèvement. L'impôt progressif sur le revenu est une dimi-nution *a priori* du revenu disponible. Cela influence moins le choix du consommateur ; l'effet est plus neutre, comme disent les économistes. On peut expliquer cela par le fait qu'une personne va davantage être sensible aux phénomènes et aux objets qui la touchent de plus près et avec lesquels elle entretient une relation quotidienne ou presque. Prenons, par exemple, le cas du salarié moyen. Il connaît de son revenu hebdomadaire ou bihebdomadaire le montant net de ses gains. Il connaît moins bien la somme des impôts et autres contributions qui sont prélevées par l'employeur. Pour lui, donc, l'argent disponible est celui dont le montant est libellé sur son chèque de paie, et il établit son budget sur cette base. Cela explique aussi pourquoi le contribuable moyen est peu ou pas conscient du taux réel d'imposition auquel il est soumis. Dans ses conversations avec les autres, il va invoquer facilement la *bracket* fiscale du taux d'imposition du revenu dans laquelle il se situe, sans pourtant être vraiment en mesure d'évaluer avec précision la lourdeur du prélèvement.

Par contre, les taxes, et en particulier les taxes sur la consommation de biens et de services, sont des faits plus tangibles. D'abord parce qu'elles sont plus fréquentes et ensuite parce qu'elles sont calculées en sus du prix de vente affiché ou déclaré. Ainsi que le suggèrent les travaux de Jean Dubergé[5], le contenu psychosocial des deux modes de prélèvement est fort différent.

Détail intéressant, en passant, l'enquête menée par Dubergé a révélé que les impôts indirects, qui sont pour nous des taxes, ne l'oublions pas, sont vus par les Français comme les impôts les moins désagréables[6]. Compte tenu de l'histoire et de la culture fiscale du Canada et du Québec, qui est différente de celle de la France, il va sans dire, nous pouvons supposer, même si nous ne l'avons pas vérifié, que les impôts directs seraient, ici, jugés moins désagréables. Tout cela nous conduit à penser que les taxes sont tenues, plus que les impôts, pour responsables des difficultés économiques parce qu'elles semblent plus désagréables, donc plus détestées. De là à suggérer un lien entre la popularité d'un prélèvement obligatoire et son niveau d'imputabilité

---

5.   Jean DUBERGÉ, *Les Français face à l'impôt, essai de psychologie fiscale,* Paris, LGDJ, 1990, p. 253 et suivantes.

6.   *Ibidem,* p. 279.

économique, il n'y a qu'un pas, que nous franchissons volontiers sans y être poussés.

La même distinction s'impose dans le cas de la monnaie et des taux d'intérêt, dont nous avons discuté un peu plus haut. Le dollar est d'usage courant, ce qui n'est pas le cas du loyer de l'argent. La réalité de la valeur du dollar canadien s'impose dès que le consommateur désire se procurer des produits importés ou disponibles uniquement à l'extérieur des frontières canadiennes (les plages du Maine, par exemple). Les contacts de cette même personne avec les taux d'intérêt sont plus sporadiques. Ils s'établissent au moment de contracter un emprunt auprès d'une institution financière ou d'acheter des placements ou encore de négocier une hypothèque. Pour le commun des mortels ce ne sont pas là des activités quotidiennes et routinières, en dépit des efforts des institutions financières pour attirer la clientèle. Il ne faut donc pas se surprendre de ce que les répondants aient été plus nombreux à penser que le « huard » influence beaucoup l'économie du Québec qu'ils ne l'étaient à croire à l'incidence déterminante des taux d'intérêt.

En résumé, confrontés aux divers outils de la politique économique des gouvernements, tels les taux d'intérêt, les taxes, le taux de change et l'impôt, les Québécois sont convaincus qu'ils ont tous une nette influence sur l'état de l'économie, à quelques nuances près. Une telle réponse a, dans un premier temps, de quoi rassurer les ministres des Finances qui, sans l'avouer publiquement, ont parfois tendance à douter de l'influence réelle des moyens dont ils disposent. Toutefois, nous nous sommes rapidement rendu compte, à l'issue du sondage, que les citoyens voient davantage les inconvénients de l'intervention de l'État que ses bons côtés. Enfin, on peut dire que, dans l'ensemble, les réponses aux questions sur les instruments de politique économique ressemblent étrangement à un blâme envers les gouvernements.

On ne saurait conclure, ici, sans souligner le fait que des réponses à cette deuxième question sur l'économie il ressort qu'une minorité de répondants excluent d'emblée toute influence des outils de politique économique. Se peut-il que ce soient les mêmes individus que dans la question précédente ? Nous n'en sommes pas tout à fait certains, bien que nous soupçonnions que ce soit le cas. Si cela se trouve, il faudrait fouiller plus à fond ce phénomène. Peut-être sommes-nous en présence de jovialistes! Plus sérieusement, cette donnée de la question soulève le problème de l'information. Regardons-le d'un peu plus près.

DES QUÉBÉCOIS QUI S'INFORMENT PEU

C'est à coup sûr un paradoxe. D'une part, des idées claires sont exprimées à propos de la condition de l'économie et, d'autre part, les gens semblent peu portés, selon nos résultats d'enquête, sur les questions d'économie et d'argent. Tout se passe comme si la distance qui existe entre les personnes et ces questions poussait celles-là à articuler des opinions très catégoriques. À première vue, nous serions portés à croire que la répulsion traditionnelle attribuée à tort ou à raison aux Québécois à l'égard des questions d'argent n'est pas complètement disparue malgré tous les efforts entrepris depuis la «révolution tranquille». Alphonse Desjardins, fondateur du Mouvement qui porte son nom, ne serait pas fier de nous. Quoi qu'il en soit, en règle générale, moins du tiers des citoyens affichent une curiosité soutenue pour les nouvelles fiscales publiées par les institutions bancaires, pour les revues d'affaires et de finances, pour les pages financières des grands quotidiens, pour les cotes de la bourse ou encore pour les émissions de télévision dédiées aux questions d'économie et d'argent.

Bien que que la télévision soit le véhicule d'information le plus populaire, selon les recherches sur le sujet, elle ne rejoint de façon soutenue, d'après les réponses obtenues, qu'à peine quatre personnes sur dix par ses émissions à vocation économique et financière. Ce qui étonne particulièrement, dans tout cela, c'est le fort contingent de répondants qui affirment ne pas s'intéresser du tout à ce domaine. Quel que soit le média suggéré, environ 40% des répondants disent ne pas se sentir concernés par ce type d'information.

Contrairement à ce que nous avons observé lors de la discussion sur la conjoncture économique et les facteurs qui la déterminent, il a été possible de constater une nette corrélation entre l'intérêt pour les questions d'argent et le niveau de scolarité. Ce qui, avouons-le, ne nous a pas renversés. Plus la fréquentation des institutions d'enseignement supérieur est élevée, plus l'attention portée aux médias d'information s'accentue, et vice-versa. Nous avons constaté un lien similaire pour ce qui a trait à l'occupation. Les professionnels, les administrateurs et les techniciens semblent plus assoiffés d'information économique que les employés de bureau, les ouvriers spécialisés et les ouvriers non spécialisés. En revanche et contrairement à ce que l'on pourrait penser instinctivement, ce ne sont pas les personnes à gros revenus qui semblent les plus friandes d'informations. Ce sont plutôt celles dont le revenu annuel se situe entre 20 000 $ et 50 000 $, qui font donc partie du groupe des petits épargnants. Le fait d'être propriétaire ou locataire de son lieu d'habitation influence aussi la réponse fournie par les personnes interviewées. Les données de l'enquête montrent que les propriétaires sont systématiquement plus enclins que les locataires à s'intéresser aux médias d'information économique et financière. Cela nous amène à penser que la plupart des propriétaires seraient surtout de petits épargnants plus soucieux que d'autres de leurs avoirs pécuniaires. Cela étant, ils souhaitent probablement optimiser leur pécule par une recherche plus active d'information. Ce n'est encore qu'une hypothèse, bien sûr.

Mais la question demeure : que peut bien vouloir dire le peu d'empressement des Québécois à rechercher l'information en matière économique. D'autre part, cela a-t-il un rapport quelconque avec la sévérité du jugement porté sur la conjoncture économique ? Y a-t-il un lien, comme les apparences semblent le suggérer, ou un tel lien n'existe-t-il que dans notre imagination ? Nous croyons avoir trouvé la trace de l'existence de ce lien dans la forte corrélation entre le nombre d'années de scolarité et le niveau de croyance dans l'influence du dollar canadien sur la conjoncture économique. Les détenteurs d'un diplôme universitaire et les détenteurs d'un diplôme d'études collégiales sont, toute proportion gardée, plus nombreux à soutenir que l'influence est très grande ou assez grande. L'affirmation est d'ailleurs plus forte chez les diplômés universitaires que chez les diplômés des cégeps. Toutefois, la prudence nous oblige à avouer que nous avons aussi constaté que les diplômés du cours secondaire croient pour la plupart à l'influence du dollar sur la conjoncture économique. Chez les diplômés d'études supérieures, la distribution entre une forte influence et une influence modérée est mieux répartie. Ce serait donc, si notre pensée est correcte, que la capacité de nuancer les jugements en matière d'économie et d'argent est fonction du niveau d'instruction.

En somme, il ne semble pas déraisonnable de reconnaître l'existence d'un rapport inversement proportionnel entre l'intérêt pour les questions d'économie et la sévérité du jugement porté à l'égard de la conjoncture économique. Si cela est vraiment, nous serions en présence d'un cas d'«aliénation» économique au sens où la faiblesse de l'intérêt pour la chose économique aggrave l'arbitraire du jugement. Cela n'est pas sans importance puisque, on s'en souviendra, nous avons déjà parlé des rapports possibles entre les phénomènes d'aliénation politique et la tentation de la fraude fiscale. L'aliénation économique appartient à la même catégorie de sentiments que l'aliénation politique : le sentiment d'incapacité à créer un effet de changement. En ce sens, le sentiment d'aliénation économique serait porteur de comportements fiscaux délictueux.

Il y a donc apparence de lien entre l'évaluation de l'économie et le niveau d'information recherché par les citoyens. Si on s'informe peu et qu'on juge sévèrement, comme cela semble être le cas, serait-ce que les citoyens parlent à travers leur chapeau ? La tentation de répondre oui est très forte. Cependant, nous aurions tort d'être si impulsifs ; la réalité n'est jamais aussi simple. Toute opinon que peut formuler une personne prend appui en grande partie sur les conditions de vie de cette personne. En fait, pour la personne soumise à une question d'ordre général, sur un objet tout aussi général, la propension à faire de sa propre situation le reflet de celle de l'ensemble de la population est forte. De plus, le fait que l'état de l'économie, tout comme les prévisions météorologiques, est facilement matière à cliché nous incite à croire que l'affirmation du piteux état de la conjoncture économique serait une idée reçue, chez l'homme de la rue, parce qu'elle ne se fonde pas sur une recherche continue d'information sur la question. Même dans les cas où il semble y avoir un intérêt pour la question, si faible qu'il puisse être, la règle du moindre effort prime.

En résumé, les réponses des Québécois à nos questions portant sur l'économie et l'argent révèlent un climat de morosité, d'une part, et, d'autre part, le peu d'intérêt manifesté à l'égard de ces choses. Et ce pessimisme ambiant s'est répercuté dans les réponses qu'ils ont apportées aux questions sur la société québécoise et sur eux-mêmes.

CHAPITRE

À PROPOS DE LA SOCIÉTÉ ET DES QUÉBÉCOIS

Au lendemain de la guerre du Vietnam, le sous-comité du Sénat américain pour les relations intergouvernementales publia un rapport dans lequel il était écrit :

> For the first time since June 1968, the circumscribed minority of citizens who thought something was "deeply wrong" with their country has become a national majority, embracing men and women from coast to coast and including most of the middle-range of working Americans[1].

On comprend bien toute la déprime de la société américaine après son échec tragique dans le bourbier du Sud-Est asiatique. La défaite des forces armées de l'Oncle Sam n'était pas seulement une défaite militaire ; elle était surtout la fin du mythe de la toute-puissance des États-Unis, tout comme elle posait brutalement la question des valeurs sociales de l'Amérique. Les citoyens américains eurent le sentiment d'avoir honteusement été trompés.

Alden Lind, qui a rapporté et commenté l'extrait du document sénatorial, a bien résumé l'atmosphère sociopolitique dans laquelle baignent nos voisins du sud depuis lors, quand il a écrit : « We are in the midst of a profound crisis of trust, a crisis which penetrates to the

---

1. Rapport *Confidence and Concern : Citizens View American Government,* cité par Alden Lind dans un article intitulé « The Future of Citizen Involvement », publié dans le périodique *Futurist,* vol. 9, n° 6, décembre 1975, p. 316.

depths of our sense of communal bonding. We distrust each other[2]...»
Il impute ce phénomène de méfiance à l'égard de la vie collective des
Américains, qui durera encore de nombreuses années après la fin du
conflit vietnamien, à la manifestation dans la société américaine d'une
véritable révolution politique issue de l'apparition d'une nouvelle
économie : une économie de «postsubsistance». Selon Lind, cette nouvelle économie tendrait à éloigner les individus de la chose économique
pour les attirer vers d'autres préoccupations, plus politiques, plus
sociales, voire plus culturelles. Il poursuit en disant que l'aliénation
politique, encore observable chez les Américains, provient de ce que
les institutions collectives demeurent déterminées par une économie
de subsistance. Bref, les institutions collectives ne correspondraient plus,
désormais, aux aspirations et aux préoccupations du citoyen ordinaire.
D'où, nous permettons-nous d'ajouter, la méfiance et la dépréciation
générales par rapport à l'État et aux institutions collectives.

La méfiance sociale et politique que nous venons d'évoquer
emprunte, pour s'exprimer, les visages du cynisme et de l'individua-
lisme. Mais ce n'en est pas, pas plus que le grand retour au pouvoir du
Parti républicain ne signifie la fin des valeurs et des aspirations collectives. La méfiance qu'expriment les Américains à l'égard de leurs
institutions est le symptôme d'un grand désarroi face à la difficulté de
maintenir une identité à soi dans un monde en transformation.

Ce qui se passe au sud du 45e parallèle se passe aussi et avec la
même acuité au Canada et au Québec, comme ailleurs dans le monde.
Le discours des Québécois sur les questions économiques, que nous
venons d'examiner au chapitre précédent, en constitue un petit indice.
Les propos qu'ils tiennent sur eux-mêmes et sur la société québécoise
en témoignent encore davantage. La méfiance des Québécois, qui n'a
pas encore atteint le stade de la perte de confiance, il faut le dire,
s'exprime dans leur croyance à la prédominance de la loi du plus fort.

---

2. *Ibidem*, p. 316-317.

LA LOI DE LA JUNGLE

La méfiance à l'égard du politique et des institutions est indissociable d'un autre type de méfiance : celle envers soi-même et envers son environnement. On la traduit souvent en claironnant que le monde est une jungle et que seuls les plus forts survivent. Nous avons voulu vérifier si cette croyance possède une véritable assise dans la population québécoise.

PROPOSITION : C'est la règle du plus fort qui l'emporte

	N	%
Complètement d'accord	566	56,0
D'accord	310	30,7
En désaccord	89	8,8
Complètement en désaccord	31	3,1
N.S.P.	15	1,5
P.R.	5	–
Total	**1 016**	**100**

Comme l'indique le tableau des résultats, ils ont été nombreux à souscrire à notre énoncé selon lequel « C'est la règle du plus fort qui l'emporte ». Dans une forte proportion (86,6 %), les répondants pensent que cette proposition est fondée. Ils ont aussi convenu avec nous, dans un rapport de deux à trois, que l'État est complice de ce déséquilibre des chances et que les lois sont davantage au service des riches que des pauvres. Nous avons été étonnés de l'appui à cette dernière proposition, alors que la commisération à l'égard des plus démunis, groupe d'individus qu'on évite soigneusement de définir par ailleurs, a été jusqu'à tout récemment un élément fort du discours de la classe politique. Tout se passe comme si les discours généreux des gouvernements à l'égard de ceux qu'on appelle, un peu abusivement selon nous, « démunis » n'avaient aucune résonance dans la population. En fait, il semble y avoir un immense malentendu qui pousse les Québécois à adhérer à certains clichés qu'on leur propose. Ce malentendu porte surtout sur la définition des idées et des concepts, notamment lorsqu'il est question de pauvres et de démunis.

Claude Picher, chroniqueur économique bien connu des lecteurs du journal *La Presse*, écrivait, dans un article paru le jeudi 28 janvier 1993 et coiffé du titre « La voix du vrai monde », que la notion de pauvreté appelle quelques précisions. Il disait notamment : « Encore faut-il bien s'entendre sur la définition de la « pauvreté ». Toujours selon le Conseil [le Conseil canadien de développement social], le seuil de pauvreté pour une famille de quatre personnes (deux adultes, deux enfants) vivant dans une ville canadienne de 100 000 à 500 000 habitants, s'établit à 31 307 $. Vous êtes « pauvre » si votre ménage correspond à cette définition et que vous gagnez moins que ce seuil[3]. »

Mais le vrai drame, selon Picher, est celui de la classe moyenne. Personne ne se lève encore pour prendre la défense du travailleur québécois moyen, qui a vu depuis 12 ans la totalité de ses augmentations salariales englouties par les hausses d'impôt[4]. L'ordinaire n'est donc pas mobilisateur, affirmait-il, et, malheureusement, il n'est pas organisé en lobby : « Il y a les lobbies des assistés sociaux, des sans-abri, des chômeurs, du troisième âge, du logement social[5]... » Il ressort de ces propos que la pauvreté est un terme largement employé, bien sûr, mais vidé de son sens premier, qui serait, nous indique *Le Robert* l'« état d'une personne qui manque de moyens matériels, d'argent[6] ».

Le vrai problème qui se profile derrière la croyance en la règle du plus fort ne serait donc pas un problème de pauvreté, mais un problème d'organisation et de capacité à se mobiliser pour la défense d'intérêts particuliers. Toutes ces caractéristiques socioéconomiques réelles du contexte canadien et québécois que décrit la chronique de Claude Picher constituent autant de fonds de commerce à la disposition de ceux qui veulent faire de la politique d'une manière ou d'une autre. Autrement

---

3. Dans la même chronique, Claude PICHER rapporte des statistiques encore plus intéressantes. Il écrit : « Voici maintenant des chiffres fournis par le Conseil national du bien-être social. Chez les ménages canadiens qui vivent "sous le seuil de la pauvreté", 99 p. cent possèdent un réfrigérateur, 60 p. cent ont la télé couleur et 62 p. cent sont abonnés au câble, 50 p. cent ont au moins une automobile, 34 p. cent un magnétoscope et 20 p. cent un lave-vaisselle ; 46 p. cent des ménages considérés comme pauvres sont propriétaires de leur logement. Quatre habitants sur cinq, sur la planète, envieraient un tel sort. » (p. A-13.)

4. *Ibidem.*

5. *Ibidem.*

6. *Le Nouveau Petit Robert 1*, Paris, Dictionnaire Le Robert, 1993, p. 1614.

dit, selon ce qui précède, le plus fort, c'est en somme celui qui est le mieux organisé et qui peut le plus efficacement mobiliser des ressources en sa faveur, nonobstant sa situation socioéconomique réelle. Au-delà des étiquettes de pauvre et de riche, il y a, à notre avis, un phénomène beaucoup plus significatif lorsque l'on traite de la question de la fraude fiscale, et c'est celui de la disponibilité des tribunes et des forums pour ceux qui désirent se faire entendre. B. Guy Peters avait d'ailleurs basé sa théorie du délit fiscal en partie sur une telle hypothèse.

Ce manque d'organisation est d'ailleurs flagrant lorsque l'on scrute attentivement les informations personnelles fournies par notre échantillon de Québécois. En effet, ceux-ci nous ont confié à 76,5 % ne pas être membres d'un syndicat, à 80,7 % ne pas adhérer à une association professionnelle et à 89,7 % ne pas détenir une carte de membre d'un parti politique. Pourtant, en majorité, les répondants occupaient, selon leurs dires, un emploi à temps complet ou un emploi à temps partiel. Aux dernières nouvelles, le taux général de syndicalisation de la main-d'œuvre québécoise était de 40 %. Notre échantillon aurait ainsi sous-estimé l'appartenance syndicale. En ce qui concerne l'adhésion à une association professionnelle, ce taux se comprend mieux lorsque l'on prend en considération le fait que trois répondants sur quatre ont déclaré bénéficier d'un revenu annuel inférieur à 40 000 $. La moyenne des revenus annuels des membres des corporations professionnelles, du moins celles qui sont régies par le Code des professions, est probablement supérieure à ce chiffre. Quoi qu'il en soit vraiment de ces statistiques de la rémunération, la structure de la distribution des revenus de notre échantillon laisse entendre que le soutien à la règle du plus fort recueille autant d'adhérents, à la fois chez les plus pauvres et dans la classe moyenne.

Si on examine d'un peu plus près la croyance en l'existence d'une loi de la jungle, que l'on peut, avec une certaine prudence, associer à un sentiment d'aliénation sociale ou de démission face au combat qu'est la vie de tous les jours, on constate la présence d'un lien direct entre le revenu annuel et le niveau d'adhésion à l'énoncé proposé aux répondants. On retrouve le même lien, identifié d'une manière non équivoque, lorsque l'on considère le nombre d'années de scolarité des individus. L'hypothèse qui nous vient à l'esprit, en exprimant cette généralité, est que plus les Québécois sont scolarisés, moins ils prêtent foi à la loi de la jungle. Cela prouverait, comme le veut une certaine sagesse populaire, que l'instruction élargit la liberté des individus, qu'elle les libère de certaines de leurs inhibitions, en quelque sorte. On retiendra donc, pour l'instant, que le sentiment d'aliénation, ou de relative incapacité si l'on préfère, semblerait grandement atténué chez ceux qui sont plus instruits et qui ont de meilleurs revenus annuels. Rapprochons-nous encore un peu du portrait.

Nous voyons maintenant que la croyance en la lutte pour la survie est présente dans toutes les couches de la société, chez les plus instruits comme chez les moins scolarisés, à une nuance près cependant. Elle est moins enracinée chez ceux qui ont fréquenté les collèges et les universités. L'instruction agit donc positivement sur le sentiment de capacité que peut avoir une personne. Par contre, la mise en relation de cet énoncé avec le revenu annuel révèle quelques ruptures dans la distribution des réponses. Par exemple, les moins riches, ceux dont le revenu déclaré est inférieur à 10 000 $, accordent moins de crédibilité à ce lieu commun que ceux dont le revenu se situe entre 10 000 $ et 30 000 $ ou encore ceux qui jouissent d'une rémunération de 50 000 $ à 60 000 $ par année. Bien plus, le niveau de leur adhésion à cet énoncé est comparable au niveau des répondants dont le revenu se situe entre 40 000 $ et 50 000 $ et de ceux dont le revenu dépasse 60 000 $.

On retrouve ici une distribution semblable à celle observée lors de l'examen de l'information économique. Nous serions en présence des mêmes petits épargnants ; la classe moyenne, en somme, composée de techniciens, d'employés de bureau, ainsi que d'ouvriers spécialisés et non spécialisés. En revanche, ceux qui possèdent leur logement ont moins tendance à prêter foi à l'existence d'une loi de la jungle que les personnes qui se sont identifiées comme locataires. On n'est donc pas en face d'une situation de complète désespérance des citoyens envers la capacité de la société à se réguler. Même si on semble reconnaître, dans l'ensemble, que les plus forts arrivent le plupart du temps à imposer leur volonté, on ne croit pas qu'ils arrivent à une domination complète.

Il nous apparaît, après réflexion, que le fait que certaines classes de la société soient plus frileuses que d'autres trouve sa source dans le manque de confiance en soi, il va sans dire, mais aussi dans le manque de foi en l'action collective. Nous avons trouvé une majorité de personnes interviewées qui estiment être en mesure de modifier d'elles-mêmes, donc sans le concours effectif des pouvoirs publics, leur situation personnelle.

Toutefois, si une majorité de personnes se jugent tout à fait aptes à forger leur propre avenir, il demeure que plus de 4 personnes sur 10 doutent d'y parvenir. C'est une portion non négligeable de la société québécoise qui se sent ainsi dépendante des autres et de la collectivité. Comme dans le cas des questions précédentes, la scolarité et le revenu jouent un rôle significatif dans la détermination du niveau de confiance en soi. En revanche, l'occupation de même que le fait d'être proprié-taire ou locataire changent peu de choses.

QUESTION: **Pouvez-vous changer votre situation personnelle?**

	N	%
Oui	549	53,9
Non	449	44,2
N.S.P.	19	1,9
Total	**1 017**	**100**

Si on établit un parallèle entre les réactions à l'énoncé sur la loi du plus fort et celles à la question sur le niveau de confiance personnelle, on décèle chez les Québécois un certain cynisme, accompagné d'une dose de fatalisme. Ils se disent, dans leur for intérieur, que le plus fort ou le plus rusé va finir par l'emporter et que rien ne sert de mettre en place des institutions pour rétablir l'équilibre des forces. Cependant, une majorité de répondants semblent convaincus de posséder la ruse et la force nécessaires pour faire leur place au soleil. Cela constitue indéniablement une bonne nouvelle.

Vu la confiance en soi qu'affirment la majorité des Québécois, il n'est pas étonnant outre mesure qu'ils affichent le même optimisme quant à leur capacité de changer la société de l'avenir. Comme l'in-dique le tableau qui suit, 57,9 % ont jugé bon de répondre qu'ils étaient en mesure de changer la société de l'avenir. Ce pourcentage est plus fort que celui obtenu à la question sur la confiance en soi. On aura noté, au passage, que le nombre d'indécis a presque doublé, mais il demeure peu significatif. Une relative confiance en soi et un optimisme assez prononcé quant à l'avenir caractérisent donc la société québécoise. Ces traits se retrouvent dans l'ensemble de la population, puisque aucune corrélation avec les variables sociodémographiques ne s'est révélée suffisamment significative pour permettre une discrimination entre diverses catégories de répondants.

QUESTION :   **Pouvez-vous changer la société de l'avenir ?**

	N	%
Oui	588	57,9
Non	393	38,6
N.S.P.	36	3,5
Total	**1 017**	**100**

On retiendra aussi de ces premières observations sur l'individu et la société qu'en dépit du fait qu'une idée reçue, comme « c'est la règle du plus fort qui l'emporte », soit fortement implantée dans la tête des gens, le pessimisme ambiant demeure relativement faible. Nous avons vu, au chapitre précédent, que les Québécois n'hésitent pas à trouver des facteurs responsables de la piètre conjoncture de l'économie et que la plupart de ces facteurs sont de la responsabilité des gouvernements. Cela voudrait donc dire que les facteurs que nous leur avons proposés au moment de l'enquête ont servi d'exutoires. Nous aurions dû pousser la question un peu plus loin et demander aux Québécois s'ils se jugeaient responsables de l'état de santé de l'économie. Malheureusement, nous ne l'avons pas fait. Dans le cas contraire, nous aurions été plus éclairés sur la capacité d'autocritique de nos concitoyens. Pour l'instant, nous devons nous restreindre à émettre l'hypothèse que la population du Québec juge plus sévèrement l'action de ses gouvernements qu'elle ne juge son propre comportement.

Transportons-nous sur la scène politique pour vérifier cette hypothèse. On note alors qu'il n'y a plus beaucoup d'optimisme quant à la capacité des citoyens à agir sur l'évolution des méthodes de gouvernement. Plus de la moitié ont choisi de répondre par la négative à la question sur ce sujet bien précis. Par contre, le nombre d'indécis est des plus négligeables et le nombre de ceux qui ont répondu un «oui franc» demeure tout de même relativement élevé, soit 45,2% de l'échantillon.

QUESTION: **Pouvez-vous changer la façon de gouverner?**

	N	%
Oui	457	45,2
Non	554	54,8
N.S.P.	6	–
Total	**1 017**	**100**

L'aliénation politique des Québécois, selon les réponses obtenues, serait moins grande que leur aliénation économique. Certains clichés ont fait état, par le passé, de ce que la politique était, après le hockey, le sport national des Québécois et que les affaires économiques n'étaient pas faites pour eux. Ce ne sont que des clichés, bien sûr! Mais on sent encore que la «révolution tranquille» n'a peut-être pas achevé son œuvre en ces matières.

Plus sérieusement, le Québec n'a pas perdu toute confiance dans le processus politique. La preuve nous en est fournie par les résultats à la question sur l'efficacité du vote pour le changement de la manière de gouverner. On constate, en regardant le tableau qui suit, que 56,3% de la population estime que le vote est au moins assez efficace, contre 43,7%, qui affirme le contraire.

QUESTION: **Voter est-il un moyen... de changer quelque chose à la façon dont nous sommes gouvernés?**

	N	%
Très efficace	215	21,3
Assez efficace	353	35,0
Peu efficace	294	29,2
Pas du tout efficace	147	14,5
N.S.P.	8	–
Total	**1 017**	**100**

De cette contradiction entre la distribution des réponses à la question sur l'efficacité du vote et celle des réponses à la capacité de changer la façon de gouverner se dégage un phénomène de désaffection à l'égard de la classe politique. Pareil constat a déjà été rapporté sur une base régulière dans les différents sondages réalisés au cours des dernières années. La perte de crédibilité de la classe politique est davantage affaire d'attitudes que de comportements politiques. David Nachmias écrivait d'ailleurs à ce sujet : « The range of activities from which the alienated are supposed to choose their course of action varies from conscious withdrawal to political violence[7]. » On l'aura deviné, Nachmias traite expressément du phénomène de l'aliénation politique. Mais ce qui nous intéresse avant tout, c'est que, selon lui, le citoyen devient cynique, en ce sens qu'il doute du politique comme moyen de changement. On retrouve dans l'écrit de Nachmias les mêmes notions d'impuissance (*powerless*) et de protestation que François Chazel a bien su mettre en évidence dans son analyse du phénomène[8]. Ce dernier affirmait et, cela mérite d'être repris textuellement :

> Pour parler d'aliénation, il faut encore, à notre sens, faire inter-venir les attentes de l'acteur et les confronter à ses possibilités concrètes de participer au fonctionnement du système politique... L'aliénation désignerait, dans notre perspective, une tension ou plutôt un rapport distendu entre ces deux pôles. C'est donc un certain mode de rapport entre l'acteur (posé comme source « d'exi-gences ») et le fonctionnement du système politique (envisagé sous l'angle de ses effets ou, si l'on préfère, de ses *outputs*) qui serait constitutif de l'aliénation et non pas la façon dont l'acteur s'y adapte subjectivement[9]...

En clair, pour Chazel la déception ressentie par le citoyen dans ses attentes et le sentiment de manquer d'influence sur le cours des choses sont générateurs d'aliénation politique. Toutefois, le phénomène n'entraîne pas automatiquement, chez le citoyen, l'abandon de ses prérogatives politiques, notamment le droit de voter et celui de

---

7. David Nachmias, « Modes and Types of Political Alienation », dans *British Journal of Sociology,* vol. 25, n° 4, décembre 1974, p. 479.
8. Le lecteur retrouvera la réflexion de François Chazel dans l'article intitulé « De quelques composantes de l'aliénation politique », dans la *Revue française de socio-logie,* vol. XVII, 1976, p. 101 à 115.
9. *Ibidem,* p. 106.

choisir les gouvernements. Ce qu'a d'ailleurs suggéré Carole Jean Uhlaner. Celle-ci, s'appuyant sur l'examen des statistiques américaines de participation électorale[10] pour les années 1980, 1984 et 1988, concluait :

> Surprisingly, one likely factor has no impact. Trust in the political system has essentially no relationship with rates of registration or voting, although it fell at the same time as voting rates. In the late sixties and seventies mistrust among the electorate increased ; over time, people became more and more inclined to say that government officials are crooked, that people in government waste money, government is run for the benefit of a few big interests...
>
> Changing levels of trust in government do not seem to account for change in voter activity[11].

Uhlaner a donc trouvé que, chez les Américains, le niveau de scolarité, le revenu, l'âge, voire la race sont autant de facteurs qui expliquent le taux de participation électorale davantage que ne le fait le degré d'aliénation politique. Il y a donc chez les électeurs américains beaucoup de cynisme politique, en ce sens que leur croyance en la capacité du politique à faire évoluer les choses est faible, mais que cela n'affecte pas de façon significative le taux de participation électorale. Raymond Wolfinger explique que tout est une question de fierté et de sentiment d'appartenance[12]. Pour lui, le sentiment de relative incapacité à changer les choses, sur le plan politique, amènerait le citoyen à adopter une attitude fondamentale de méfiance à l'égard des institutions, qui ne se traduirait pas forcément par l'abandon de ses prérogatives de citoyen. Cela laisserait comme seule possibilité le repli sur soi et l'adoption de comportements qui visent à maximiser les bénéficices personnels au détriment des bénéfices collectifs, considérés comme utopiques puisque, de toute façon, le plus fort l'emporte et que les lois sont au service des riches.

Les réponses obtenues lors de notre sondage vont dans le sens d'un éloignement qui s'est installé entre le citoyen québécois et ses institutions politiques. Cette aliénation politique, puisque c'est de cela

---

10. Carole Jean UHLANER, « Electoral Participation : Summing Up a Decade », dans *Society,* (juillet-août 1991), p. 35 à 40. Dans cet article, l'auteur a utilisé, comme source de données, *American National Election Studies,* 1980, 1984 et 1988.

11. *Ibidem,* p. 35 et 36.

12. Raymond E. WOLFINGER, « Voter Turnout », dans *Society* (juillet-août 1991), p. 23.

qu'il s'agit, indique que les attentes envers l'État ne sont pas, ou plus précisément ne sont plus, satisfaites. Ce qui, selon le modèle politique de la fraude fiscale, est susceptible de faire augmenter la fréquence et l'étendue des comportements frauduleux. Voyons maintenant ce que l'on a dit sur l'État et les gouvernements.

À PROPOS DE L'ÉTAT
ET DES GOUVERNEMENTS

La loi du plus fort étant dominante, l'État serait-il surtout au service du riche et du puissant? C'est, si on s'en remet aux apparences, ce que l'on dit dans la plupart des chaumières. Deux personnes sur trois se sont dites en accord ou complètement en accord avec un énoncé affirmant que les lois sont plus au service des riches que des pauvres. C'est évidemment le phénomène d'aliénation politique qui pousse ces personnes à soutenir une telle proposition. Il est bien difficile ici de débattre du fondement réel de cet énoncé, et ce n'est pas notre but. Nous croyons plutôt que ces gens ne voient pas l'État comme étant leur chose; il ne leur appartient pas. L'État serait pour eux l'instrument de ceux qui détiennent les ressources économiques et financières. Ces personnes seraient assez puissantes pour influer sur le contenu des lois.

PROPOSITION : Les lois sont plus au service des riches que des pauvres		
	N	%
Compl. d'accord	363	35,9
D'accord	315	31,1
En désaccord	243	24,0
Compl. en désaccord	70	6,9
N.S.P.	21	2,0
P.R.	5	–
Total	1 017	100

Si une majorité de citoyens ordinaires pensent ne pas avoir accès aux ressources nécessaires pour influencer l'État, se pose alors la question du rôle de l'État, de son utilité et de ses performances.

LE NÉCESSAIRE ÉTAT

Les Québécois nous ont dit, lors du sondage, que l'État, la taxation, les lois et la bureaucratie étaient des institutions nécessaires. Les fonctionnaires seront probablement heureux d'apprendre cela, eux dont les mérites ne sont pas toujours, selon leurs dires, reconnus à leur juste valeur. Qu'ils ne se réjouissent pas trop vite, cependant, car près de 30 % de la population avoue qu'elle se passerait bien volontiers de ces employés, qu'elle voit encore à travers les célèbres personnages de Courteline[1]. Cette image peu flatteuse est assez répandue puisque, dans leurs réponses à une question spécifique sur les mérites comparés du secteur public et du secteur privé, presque deux répondants sur trois ont mis en doute la capacité de l'État à gérer de manière aussi efficiente et aussi efficace que le secteur privé.

C'est encore là une idée reçue que nous avons délibérément soumise à notre échantillon. Nous en convenons, c'est simpliste et

---

1. Georges COURTELINE (Moineaux), écrivain et auteur dramatique français, 1858-1929, a écrit et publié en 1893, entre autres choses, un roman intitulé *Messieurs les Ronds-de-cuir*.

réducteur, comme on dit dans nos milieux de recherche. L'emploi de clichés ne relève pas, pour nous, du besoin d'être simple, mais de la nécessité de voir jusqu'à quel point la population adopte les idées reçues. En effet, il n'existe pas de travaux qui démontrent une indéniable supériorité du privé sur le public. Or, comme le secteur privé est, par définition, moins exposé au grand jour et qu'il n'est pas imputable, politiquement et socialement, il conserve une aura d'excellence qu'il ne mérite pas nécessairement. Les échecs de la garde montante d'affaires, comme l'appelait affectueusement, à une certaine époque, l'ancien premier ministre du Québec, Jacques Parizeau, en sont une douleureuse illustration pour plusieurs Québécois qui ont été péniblement touchés par les conséquences de ces échecs.

Le débat privé/public est stérile en soi, comme le dit de façon si éloquente le réputé professeur de McGill, Henry Mintzberg[2]. Il n'y a pas de véritable conclusion à tirer. Ce sont deux univers fort différents, dont les critères de rentabilité et de productivité ont peu en commun. Le secteur public assume la production de plusieurs biens et services collectifs et indivisibles dont le coût de revient n'est mesurable qu'à très long terme. C'est le cas notamment de la justice, de la sécurité nationale, de la santé et de l'éducation. Le secteur privé produit aussi de tels services, mais sur une base individuelle, et bien souvent, dans la mesure où l'État paie la note ou encore subventionne fortement. Il y a donc un mythe de l'entrepreneurship privé qui demeure très vivant et tenace. Bref, on croit toujours à l'efficacité de l'entreprise privée. Dans ces conditions, il était tout à fait justifié de poser quelques questions sur le rôle et le rendement du secteur public; d'autant plus que notre modèle de la fraude fiscale contient un volet à cet égard. Nous n'allons cependant pas entrer dans le débat sur l'interventionnisme de l'État[3]. Nous allons plutôt nous contenter de souligner que, malgré ce qui précède, le citoyen québécois d'aujourd'hui soutient encore l'intervention de l'État, en dépit de tous ses défauts et de toutes ses carences.

---

2. Consulter le plus récent ouvrage de Henry MINTZBERG, intitulé *Mintzberg on Management, Inside our Strange World of Organization*.

3. Pour ceux que la question intéresse, voir l'ouvrage sous la direction de Philip PALDA, *L'État interventionniste, le gouvernement provincial et l'économie du Québec*, Vancouver, The Fraser Institute, 1994, 216 pages.

UNE BUREAUCRATIE INDISPENSABLE?

Oui! la bureaucratie est indispensable. Mais il faut la réformer, nous a-t-on confié. C'est aussi ce que pensait un comité de sages réuni par la revue L'Actualité afin de concevoir un programme politique non partisan susceptible de redresser la situation catastrophique des finances publiques[4]. Mais ces sages ne veulent pas tous procéder de la même manière. Certains, comme Francine Séguin, professeure à l'École des Hautes Études Commerciales de Montréal, souhaite dégraisser l'État et privatiser de nombreuses activités, mais en liant cette privatisation à des stratégies de développement économique du Québec. Mme Séguin demeure fortement attachée aux procédés du Québec inc. dont nous avons invoqué les déboires un peu plus haut. D'autres, à l'instar du sociologue Gary Caldwell, soutiennent que l'État est bien trop lourd et qu'il faut enlever le pouvoir aux technocrates pour le redonner à la société civile; c'est la thèse de la réappropriation du politique par les citoyens et par leurs représentants. Séguin et Caldwell représentent les deux positions extrêmes; les autres sages s'insèrent probablement entre les deux. On s'entend, toutefois, pour dire que : « La machine n'est pas efficace. Sans réforme, la réduction de la taille de l'État sera impossible[5]. »

Par contre, d'après ce que rapporte L'Actualité, la réforme de l'administration publique ne serait pas aussi prioritaire dans l'esprit des citoyens que dans celui des experts. Les Québécois accordent la cote « très prioritaire » à cette réforme, entre autres objectifs, dans une proportion de 48 %, la plaçant au sixième rang, loin derrière la création d'emploi, l'équilibre budgétaire, le régime d'assurance-maladie, la réforme de l'aide sociale et le conflit constitutionnel. Par contre, cet objectif devance largement, toujours dans la tête des Québécois, la normalisation des relations avec les autochtones, une question peut-être importante chez les dirigeants politiques, mais marginale pour le Québécois type. En somme, le débat sur l'État est surtout affaire de penseurs. Cependant, même s'il n'accorde pas de véritable priorité à la question, le Québécois, d'après notre enquête, ne craint pas les points

---

4. Ce dossier a été publié dans la livraison du 15 novembre 1994 de la revue L'Actualité, p. 51-68. Les propositions du comité étaient accompagnées d'un sondage effectué par la maison CROP.

5. L'Actualité, p. 53.

de vue paradoxaux sur l'État et ses institutions. À preuve, les réponses aux questions sur la bureaucratie et l'utilité des lois.

QUESTION: À votre avis, serait-il possible de faire fonctionner la société sans la bureaucratie de l'État?

	N	%
Oui	293	28,8
Non	655	64,5
N.S.P.	68	6,7
P.R.	1	–
Total	**1 017**	**100**

Comme on peut le voir dans ce tableau, il serait impossible de faire fonctionner la société sans l'appareil de l'État qu'est la bureaucratie. Aussi est-il surprenant que 43,3 % des Québécois jugent inutiles et même, pour plusieurs, nuisibles les lois et les règlements. La méfiance envers les lois est même encore plus élevée que la méfiance envers la bureaucratie qui est chargée de les interpréter et de les appliquer. Cela est intéressant. On pourrait, dans un premier temps, pour comprendre ce paradoxe, avancer l'hypothèse que le citoyen conçoit plus facilement les services rendus par les fonctionnaires qu'il peut apprécier la dimension concrète et pratique de la législation. C'est-à-dire que les lois et les règlements sont vus, notamment lorsqu'on leur accole l'étiquette de nuisibles, comme un frein aux libertés individuelles, au lieu d'être considérés comme une sécurité et comme autant de protections effectives et pertinentes des libertés individuelles et collectives. Prenons le cas de la loi de la sécurité routière qui oblige l'automobiliste à boucler sa ceinture de sécurité. Il est indéniable, lorsqu'on y songe moindrement, que cette obligation est d'une grande utilité sociale et économique. Elle protège le conducteur contre lui-même et contribue à réduire les coûts des séquelles temporaires ou permanentes des accidents de la route. Cela dit, le port de la ceinture demeure pour plusieurs une obligation désagréable, dont la pertinence immédiate n'est pas évidente, les accidents, bien sûr, n'arrivant qu'aux autres[6].

---

6. Les propos tenus par le chroniqueur Pierre FOGLIA dans *La Presse* du lundi 12 juin 1995 sont une bonne illustration de cette façon de voir les choses.

On peut penser également que les lois votées par le Parlement du Canada ou par l'Assemblée nationale du Québec sont inutiles parce que nombre d'entre elles sont en partie ou en totalité inopérantes, faute de moyens ou, plus choquant encore, de volonté politique. Le citoyen n'ignore pas cette situation. Il sait, soit d'instinct, soit de manière concrète, si une législation est applicable ou pas. Il sait aussi que, pour une foule de raisons, les gouvernements peuvent se montrer arbitraires dans l'application des lois et règlements. Ainsi, au cours de l'histoire récente du Québec et du Canada, les organisations syndicales, les autochtones ainsi que la classe d'affaires se sont vu trop souvent pardonner certains écarts de conduite qui, selon toute vraisemblance, s'ils avaient été le fait du simple citoyen auraient été punis sévèrement. Les auteurs de ces actes ont, au contraire, été traités avec beaucoup de déférence par les autorités gouvernementales. La scène du respectable juge Allan B. Gold signant un document aux côtés d'un jeune *Warrior* masqué et armé a fait beaucoup plus de tort à la crédibilité et à la respectabilité des lois que ne le croit la classe politique. Les timides tentatives pour redresser la situation et pour redorer l'image des institutions, notamment celle de l'ancien maire de Montréal, Jean Doré, visant à forcer les cols bleus à assumer les frais de réparation de la porte enfoncée de l'hôtel de ville demeurent très peu convaincantes. Depuis le risible règlement du saccage des chantiers de la Baie James, les Québécois sont fort circonspects quant au respect des lois et à l'universalité de leur application.

QUESTION :   Les lois votées au Parlement sont-elles...

	N	%
Essentielles	177	17,6
Plutôt utiles	348	34,5
Plutôt inutiles	104	10,2
Parfois nuisibles	335	33,1
N.S.P.	46	4,6
P.R.	7	–
Total	**1 017**	**100**

Nous faisons le rapprochement entre le jugement sur l'utilité de la législation, le caractère indispensable de la bureaucratie et l'aliénation politique dont nous avons traité auparavant. Pour nous, les réponses aux questions relatives à la bureaucratie et aux lois sont des expressions de ce phénomène. Nous en voyons la preuve dans le fait que ceux qui considèrent que le vote est un moyen peu efficace de changer les choses ont, du même coup, tendance à juger les lois plutôt inutiles et, inversement, ceux qui voient le vote comme un instrument assez efficace sont enclins à considérer les lois comme essentielles. Qui plus est, une forte corrélation s'est établie entre la croyance en une capacité individuelle à changer sa propre situation et l'utilité des lois. Moins on se sent apte à changer quoi que ce soit, plus on pense que les lois sont inutiles.

On observe le même phénomène en ce qui concerne la bureaucratie. Si le vote est efficace, on ne peut se passer de la bureaucratie, et vice-versa. Il y a, dans ces constats de liens directs entre les institutions de l'État et les expressions d'aliénation, des relents de l'État-providence qui ne trompent pas. En d'autres mots, lorsque les Québécois se sentent dépourvus et désarmés, ils ont davantage besoin de croire en l'efficacité des lois et des appareils de l'État, ce qui n'est pas dénué de sens et de logique. Tout se tient. Les répondants enclins à juger les lois essentielles ne conçoivent pas l'État sans bureaucratie. En corollaire, ceux qui les estiment parfois inutiles soutiennent le même message, mais de façon beaucoup plus discrète.

Le caractère inéluctable de la bureaucratie fait concensus dans l'ensemble de la population, même chez les personnes qui doutent de l'efficacité des lois et chez celles qui estiment que les lois sont davantage au service des riches que des autres citoyens. Alors on n'y coupe pas : la bureaucratie est indispensable. Quand on discutera plus précisément de la question fiscale, on verra que, dans l'esprit de la population, les impôts et la bureaucratie vont de pair. Que l'on soit plus fortement ou moins fortement favorable à l'impôt, la bureaucratie demeure une institution indispensable. En somme, à y regarder d'un peu plus près, experts (ceux de *L'Actualité*) et profanes s'entendent sur la présence de l'administration publique. Les premiers sont seulement un peu plus pressés de réformer cet outil de l'intervention de l'État.

LE RÔLE DES GOUVERNEMENTS

S'ils semblent douter parfois des lois et de la bureaucratie, comme nous venons de le voir, les Québécois que nous avons interrogés n'ont pas remis en cause le modèle du gouvernement interventionniste. Que ce soit en matière de création d'emplois, de santé ou de politique linguistique, il s'est toujours trouvé au moins deux personnes sur trois pour soutenir que le rôle des gouvernements est crucial. C'est au chapitre de la santé que le rôle des gouvernements est considéré comme le plus important ; plus des trois quarts des répondants disent que « la santé est le rôle du gouvernement ». Le sondage effectué pour le compte de *L'Actualité* confirme ces préoccupations du citoyen. Priorité absolue à la création d'emplois (73 %) et protection de l'essentiel du régime public d'assurance-maladie (67 %) rapporte ce sondage. La langue, même si elle apparaît nettement comme une préoccupation moindre chez les Québécois – l'enquête de *L'Actualité* n'y fait d'ailleurs pas allusion –, demeure pour une bonne majorité d'entre eux du ressort des gouvernements.

Au Québec, depuis bon nombre d'années, les principaux débats, si on excepte la question nationale, ont porté sur le rôle des gouvernements. Si on avait demandé : « À votre avis, est-ce que les loisirs sont le rôle du gouvernement ? », l'affirmation aurait été, croyons-nous, moins tranchée. Une explication plausible à la distinction que font les citoyens entre les divers services que peut offrir le secteur public réside dans la théorie de Peacock et Wiseman. Ceux-ci, cherchant à comprendre la progression du seuil de tolérance à la taxation dans les sociétés industrialisées, ont formulé une hypothèse de déplacement de ce seuil. Ils ont observé que les préoccupations, voire les angoisses, des citoyens permettent aux gouvernements de hausser le fardeau fiscal afin de financer et de produire des programmes de services destinés à prendre en main ces peurs. On peut donc supposer que ce même mécanisme sociopsychologique joue dans le cas des Québécois et les pousse à reconnaître au gouvernement un rôle important dans des domaines aussi vitaux que l'emploi, la santé et la langue, puisque ces domaines constituent autant de foyers d'insécurité, tant individuelle que collective.

On comprendra aussi que le désir de conserver à l'État un rôle dans des questions qui touchent la collectivité se trouve renforcé par les appréhensions ressenties vis-à-vis de l'allure de l'économie. La stabilité de la présence de l'État rassure lorsque les autres acteurs économiques ont tendance à disparaître ou à se faire plus discrets, ce qui se produit généralement en période de difficultés économiques. À cet égard, il est intéressant de souligner que ce sont les ouvriers non spécialisés qui comptent le plus fortement sur l'État pour la création d'emplois. À l'inverse, c'est chez les professionnels que l'équation emploi-gouvernement est apparue la plus faible, bien qu'elle soit tout de même appuyée par plus de la moitié des répondants inscrits dans cette catégorie d'emplois. On devine une fois de plus, derrière ces résultats, l'influence de l'aliénation économique, qui rend les travailleurs les moins qualifiés plus dépendants du rôle et des politiques des équipes gouvernementales. Les attentes vis-à-vis de l'État comportent cependant un grand risque de déception. Nous pensons que plus les attentes sont grandes, voire exagérées, plus la possibilité d'insatisfaction, comme celle observée dans cette enquête, est forte.

L'ÉVALUATION DES PERFORMANCES GOUVERNEMENTALES

Moins d'un contribuable sur cinq osent affirmer que la collectivité est bien administrée. C'est un résultat pitoyable pour une société qui fonde beaucoup d'espoir sur ses institutions publiques, comme nous venons de le voir. Seul le système de santé a trouvé grâce aux yeux des répondants, qui se sont montrés particulièrement sévères envers l'administration de la justice, de la sécurité sociale et de l'appareil législatif. De plus, la mauvaise gestion des gouvernements a été tenue pour la cause principale de l'endettement. Ce facteur est plus important, dans l'esprit des citoyens[7], que la fraude et l'abus aux dépens des programmes sociaux ou encore le coût de ces mêmes programmes sociaux. Les Québécois ne sont cependant pas les seuls à déplorer la mauvaise performance du secteur public.

---

7. Voir *L'Actualité*, 15 mars 1994, p. 23, sondage réalisé par la maison CROP auprès de 650 personnes de plus de 18 ans.

Lors d'une enquête auprès de contribuables britanniques, des chercheurs[8] ont posé ouvertement la question de l'utilisation efficace des ressources fiscales. Près de deux personnes sur trois ont répondu que le gouvernement du Royaume-Uni gaspillait les contributions des citoyens. On imputait ce gaspillage à des investissements douteux dans des entreprises nationalisées ou à des subventions à des compagnies privées non rentables. On invoquait aussi le mauvais choix des priorités, l'inefficacité des fonctionnaires ou encore le filet de la sécurité sociale. En somme, le gouvernement de Sa Gracieuse Majesté dépensait fort mal les deniers publics.

Les Québécois ont donc une opinion similaire à celle des Britanniques. Leur ressentiment est cependant plus prononcé. En effet, 82 % des citoyens du Québec pensent que, dans l'ensemble, nous sommes plutôt ou très mal administrés par tous nos gouvernements, fédéral, provincial, municipal et même scolaire. Cette proportion de mécontents est considérable.

Si les gouvernements, donc, ne sont pas d'une grande efficacité, ce serait parce qu'ils dépensent mal. L'analyse statistique dénote une très forte corrélation entre ces deux jugements. Plus le niveau de satisfaction à l'égard de l'administration gouvernementale diminue, plus les gens sont d'accord avec l'assertion selon laquelle les gouvernements dépensent mal. Ce sont les Québécois à faible revenu, ceux dont le revenu annuel varie entre 10 000 $ et 30 000 $, qui se montrent le plus critiques à l'égard de la gestion des dépenses publiques. Ce sont probablement les mêmes personnes qui attendent le plus de l'État, ce qui ne serait pas le cas chez ceux dont les revenus sont moyens ou élevés. On a trouvé aussi que les personnes qui tiennent mordicus à la bureaucratie se montrent un peu moins sévères envers la gestion gouvernementale. Dans l'ensemble, donc, les Québécois ont noté le peu d'efficacité des dépenses publiques, et ce, tous niveaux de gouvernement confondus.

---

8. Peter DEAN, Tony KEENAN et Fiona KENNEY, « Taxpayers Attitudes to Income Tax Evasion : An Empirical Study », dans *British Tax Review,* p. 28-44.

QUESTION: Dans l'ensemble, diriez-vous que nous sommes très bien administrés, plutôt bien, plutôt mal ou très mal administrés par tous nos gouvernements, fédéral, provincial, municipal et scolaire?

	N	%
Très bien	13	1,2
Plutôt bien	166	16,3
Plutôt mal	448	44,1
Très mal	382	37,6
N.S.P.	6	0,7
P.R.	2	–
Total	1 017	100

Le jugement de la population envers le rendement des gouvernements et de leurs administrations est sévère, cela est clair. Cependant, il nous semble que la gravité de l'évaluation s'alourdit encore si on se reporte aux réactions à une autre affirmation, que nous avions libellée de la manière suivante : « La vraie injustice, c'est que les gouvernements dépensent mal ! » Nous souvenant qu'en matière de justice l'apparence de justice est aussi importante que la justice elle-même, nous avons estimé que cela s'appliquait également aux politiques de dépenses des gouvernements ainsi qu'à leurs politiques de financement. De façon un peu inattendue, une très forte majorité des répondants (91,7 %) se sont déclarés d'accord ou complètement d'accord avec cette affirmation. On se serait attendu à un jugement un peu plus nuancé dans l'ensemble de l'échantillon, mais ce ne fut pas le cas. Cependant, nous sommes portés à croire que la fermeté de la réponse s'explique, du moins en partie, par le contexte économique et par l'usure du pouvoir. En effet, rappelons-nous que, dès les premières questions de l'enquête, les Québécois ont affiché une humeur plutôt maussade par rapport à l'allure de l'économie et en ont imputé en partie la responsabilité aux politiques fiscales et monétaires des gouvernements. Il y a donc un lien à établir entre les deux jugements. De plus, il ne faut pas perdre de vue qu'à l'époque du sondage, les partis gouvernementaux, tant au palier fédéral qu'au palier provincial et sur la scène municipale, en étaient tous au dernier droit d'un second mandat et que leur cote de popularité n'avait rien de bien réjouissant. Aucun de ces partis ne fut par la suite reporté au pouvoir.

On a de plus décelé une forte corrélation entre le niveau de satisfaction générale à l'égard des gouvernements et la vigueur de la propension à appuyer l'énoncé sur la manière de dépenser. Ainsi, ceux qui sont peu ou pas satisfaits des gouvernements appuient plus fortement la proposition. Tandis que chez ceux pour qui la satisfaction est relative l'accord avec une proposition affirmant l'injustice des politiques de dépenses est, de manière perceptible, moins affirmé. En somme, la tolérance envers les équipes gouvernementales est à la hauteur des attentes qu'un individu peut entretenir envers l'État. Une attente plus raisonnable semble tempérer le jugement, qui exprime alors une moins grande sévérité, notamment sur la question de l'équité des dépenses.

Un coup d'œil aux dépenses effectuées par l'ensemble des administrations publiques au Canada (tableau 1, page 53) révèle qu'il s'est produit des changements substantiels dans la répartition des budgets publics entre les années 1970 et 1990. Le plus important est sans contredit les dépenses au titre du service de la dette. Ce poste a doublé en importance en 20 ans, passant de 10,4 % de l'ensemble des dépenses à 20,3 %. Contrairement aux autres activités des administrations publiques, le paiement des intérêts sur la dette accumulée ne produit aucun bien ou service pouvant bénéficier au contribuable. Cependant, la dette a, quant à elle, servi à financer des biens et des services publics. Il est capital de s'en souvenir, alors que la plupart du temps les citoyens considèrent le service de la dette comme une mauvaise dépense (la mémoire étant une faculté qui oublie, n'est-ce pas ?).

On notera aussi un autre fait important : les sommes consacrées à l'éducation ont connu une chute dramatique de 7 points de pourcentage, pendant que le poste « services sociaux » voyait son importance gonfler de presque 3 %. Le coût des services de santé est demeuré stable au cours de cette période. Ce ne sont là que quelques données de ce tableau. Elles sont cependant suffisantes pour qu'on puisse dire que les dépenses des gouvernements sont peut-être à revoir. Toutefois, il appert que ces mêmes dépenses se sont adaptées aux nouvelles réalités de la population : le vieillissement, la dépendance sociale, le chômage et ainsi de suite.

TABLEAU 1   Les dépenses des gouvernements au Canada, par fonction (%)

Fonction	1970	1975	1980	1985	1988	1990
Culturelle et récréative	1,8	2,5	2,4	2,1	2,0	2,1
Éducation	18,4	14,1	13,3	12,2	11,9	11,4
Environnement	1,7	2,6	2,4	1,9	2,0	2,2
Affaires extérieures et aide internationale	0,9	1,0	0,8	0,9	1,4	1,1
Services généraux	7,1	6,9	6,5	5,7	5,9	6,0
Santé	13,4	12,5	12,1	12,4	13,4	13,4
Habitation	0,2	0,9	1,2	1,1	0,9	1,1
Travail, emploi et immigration	1,2	1,3	1,2	1,3	1,4	1,3
Autres	1,1	2,1	2,3	2,5	1,9	1,6
Services de la dette	10,4	9,6	13,2	17,9	19,3	20,3
Sécurité	9,6	7,9	7,8	8,0	7,8	7,6
Développement régional	0,6	0,8	0,6	0,5	0,5	0,5
Ressources, développement industriel	4,9	7,4	8,2	6,8	5,6	4,1
Recherche	1,2	0,7	0,9	0,6	0,5	0,6
Services sociaux	18,6	21,5	20,3	20,7	20,5	21,7
Transport, communication	8,8	8,1	7,0	5,6	5,0	4,9
Total	100	100	100	100	100	100

Source : Institut Fraser.

C'est à se demander s'il est possible que le choix des dépenses d'un gouvernement, quel qu'il soit, puisse jamais être perçu comme étant équitable par une majorité de citoyens. Rien n'est moins sûr, étant donné que le rapport qualité ou quantité/prix des services publics est difficilement mesurable sur une base factuelle et qu'il comporte un haut niveau de subjectivité. Nous aurons l'occasion de revenir plus à fond sur cette question dans le prochain chapitre, qui porte sur la fiscalité en général. Nous verrons alors que la réponse des Québécois ressemble étrangement à celle qu'ils ont fournie à la question portant sur la loi du plus fort. Nous retenons pour l'instant que les Québécois sont convaincus que les gouvernements ne sont pas neutres et que leurs décisions sont influencées par un rapport de force où ceux qui ont le plus de ressources parviennent à imposer leur vision particulière des choses.

Les gens n'ont pas tous tendance à être sévères envers l'administration gouvernementale. Comme précédemment, sur d'autres questions, le niveau de scolarité détermine le jugement des répondants. Même si la presque totalité affirme la même chose, les gens qui ont atteint ou dépassé le niveau collégial ont tendance à être un tant soit peu plus pondérés et sont proportionnellement plus nombreux à choisir d'être simplement d'accord au lieu de complètement d'accord avec l'énoncé voulant que la véritable injustice provienne de la façon de dépenser des gouvernements. C'est là une nuance qui compte et qui confirme l'importance de l'instruction dans la formulation des attentes face aux gouvernements.

En revanche, lorsque la question est formulée autrement et qu'elle s'adresse de manière plus personnelle à chaque individu, la critique à l'égard de l'administration publique s'adoucit de façon perceptible. Ainsi, priés de répondre à la question : « Personnellement, au cours des 10 dernières années, êtes-vous satisfait de la manière dont nous sommes gouvernés ? » les personnes interviewées ont répondu de manière affirmative dans une proportion de 30,5 %. Cela constitue une nette amélioration par rapport à l'évaluation générale sur l'administration des gouvernements et sur la justice des dépenses. On peut donc penser que l'État, comme entité et comme idée, est davantage mésestimé que l'État dispensateur de services. Nous voulons dire par là que, lorsqu'un individu reçoit un service de l'État, son jugement envers ce dernier est moins dur. Tandis que, lorsqu'on lui demande de réfléchir globalement sur l'État, sa capacité d'appréciation est plus faible parce que bon nombre des activités des gouvernements ne s'adressent pas directement aux citoyens. Nous pensons, entre autres choses, aux affaires extérieures, à la défense, au développement industriel, etc. Ajoutons aussi que, comme la question mentionne une période de dix ans, la nostalgie à l'égard du bon vieux temps a probablement pu jouer.

La distinction entre l'État institution et l'État producteur s'est avérée manifeste au moment où les répondants ont eu à évaluer, outre la performance des gouvernements et de leur administration, la performance des différentes entités gouvernementales.

QUESTION: **D'après ce que vous savez, le/la...**
a une performance...

	Justice	Santé	CSST	Parle-ment	Assist. sociale	SAAQ	Assur. chôm.
Excellente	25 (2,4)	137 (13,5)	48 (4,8)	9 (0,9)	34 (3,3)	106 (10,5)	38 (3,8)
Plutôt bonne	410 (39,5)	604 (59,6)	400 (39,7)	252 (24,9)	341 (33,6)	565 (56,0)	445 (43,8)
Plutôt mauvaise	228 (22,5)	150 (14,8)	214 (21,2)	325 (32,1)	342 (33,7)	142 (14,0)	283 (27,8)
Médiocre	292 (28,7)	122 (12,1)	186 (18,5)	349 (34,5)	250 (24,6)	100 (9,9)	194 (19,1)
N.S.P.	70 (6,8)	– –	160 (15,8)	76 (7,5)	49 (4,8)	96 (9,5)	56 (5,5)
P.R.	1	4	9	6	49 (4,8)	8	1
Total	1 017 (100)	1 017 (100)	1 017 (100)	1 017 (100)	1 017 (100)	1 017 (100)	1 017 (100)

Pour fouiller la question un peu plus à fond, donc, nous avions choisi d'interroger les répondants de notre enquête sur divers organismes ou institutions publics. Dans l'ordre, nous avons posé une question sur les tribunaux, le système de santé, la Commission de la santé et de la sécurité du travail, le Parlement, l'assistance sociale, la Société de l'assurance automobile du Québec ainsi que sur l'assurance-chômage. Une fois les réponses compilées, nous avons constaté que ce qui touche la santé et la sécurité est plus apprécié que la justice ou le Parlement. En règle générale, les citoyens ont peu de rapports directs et personnels avec l'administration de la justice et avec les assemblées législatives.

Par contre, plus ils sont en contact régulier avec des administrations de l'État, plus ils semblent les apprécier. Il n'est donc pas renversant de constater que la performance du système de santé est jugée plutôt bonne et excellente par 73,1 % des Québécois. Tout comme on ne doit pas s'étonner de ce que trois personnes sur quatre rejettent le rendement du Parlement.

D'autre part, la proportion des indécis, qui varie beaucoup d'un objet d'évaluation à l'autre, indique, dans un premier temps, une certaine retenue de la part des gens devant une institution mal connue et nous incite à penser, dans un deuxième temps, que la notoriété des institutions du secteur public n'a pas d'incidence sur le jugement des citoyens en ce sens. On notera, à cet égard, que dans le cas de la CSST, le nombre de 160 indécis va de pair avec une bonne évaluation de la part de 44,5 % de l'échantillon, alors que dans le cas de la SAAQ un nombre de 96 indécis accompagne une bonne appréciation de la part de 66,5 % des répondants.

Il y a certes des liens à établir avec le phénomène d'aliénation politique que nous avons perçu chez plusieurs répondants de l'enquête. Ainsi, si on met en relation les réponses à la question sur la capacité de modifier la façon de gouverner, celles sur l'efficacité du vote et celles sur l'appréciation du Parlement, on constate qu'une majorité d'individus tantôt désespèrent de changer les modes de gouvernement, tantôt prêtent confiance au scrutin comme moyen pour faire évoluer les choses. On dirait, au fond, que les gens se sentent démunis face à la machine administrative de l'État, mais que cela n'affecte pas de manière irrésistible leur niveau de satisfaction à l'égard des services publics. En revanche, on pourrait raisonnablement penser que le niveau d'insatisfaction face aux assemblées législatives se trouve compensé par le fait que le vote peut renouveler ou ne pas renouveler les mandats des gouvernements. En somme, à notre avis, le Québécois compose relativement bien avec ce qui lui apparaît immuable. Par contre, il est beaucoup moins tolérant à l'égard de ce qu'il estime pouvoir changer. Le président d'un important corps policier du Québec avait déjà souligné à un ministre de la Justice que les gouvernements passent, mais que la police reste. Cette version moderne d'un vieil adage exprime bien l'attitude des citoyens à l'égard des institutions de l'État.

Pour conclure sur cette question du citoyen et de l'État, les réponses que nous avons obtenues démontrent que le discours néo-libéral qui prône la réduction de la taille des gouvernements et de l'ampleur de leurs interventions n'a pas trouvé de véritable écho dans la population québécoise. Au contraire, les propos des gens donnent raison au sociologue Michel Crozier, qui a réclamé une plus grande modestie de la part de l'État. Modestie non pas dans la taille de l'appareil étatique, mais dans l'attitude envers le citoyen, une attitude qui devrait inclure l'écoute. Crozier écrivait :

> Les néolibéraux poursuivent un rêve impossible de libération de l'économie censée être assurée par un retrait total de l'État. Ce rêve séduit naturellement à un moment où les échecs successifs de nos politiques économiques ont fini par susciter un certain rejet du dirigisme, qui semble voué à l'impuissance dans le monde turbulent de la concurrence internationale. Peu d'entre eux, toutefois, croient réellement à cette vision utopique qui leur sert d'arme polémique et de levier idéologique pour entraîner la société dans la bonne direction...
>
> Si l'on assiste actuellement à une telle réaction antidirigiste dans tous les pays occidentaux et au Japon, c'est que les problèmes que pose le rôle de l'État dans l'économie sont désormais de nature radicalement différente de ceux qu'il posait il y a seulement vingt ans. Cela ne veut pas dire pour autant que l'État peut et doit se retirer de l'économie[9].

Les Québécois ne sont pas les Français, c'est évident. Ils n'ont peut-être pas tout à fait les mêmes attentes face aux gouvernements et aux administrations. Sauf que nous devons reconnaître, avec Crozier, qu'ils ne réclament pas la fin de l'État interventionniste. Au contraire, ils demandent des gouvernements une plus grande efficacité et une orientation favorisant le citoyen. Autrement dit, ils attendent que l'État fasse un pas dans leur direction et, par ce geste, travaille à réduire l'aliénation du citoyen. Voilà ce que nous pourrions considérer comme la norme en matière d'État, une norme qui s'inscrit, rappelons-le, dans le modèle de la fraude fiscale retenu aux fins de cette enquête. Voyons maintenant la question de la fiscalité.

---

9. Michel CROZIER, *État modeste, État moderne ; stratégies pour un autre changement*, Paris, Fayard, 1987, p. 136.

À PROPOS DE LA FISCALITÉ EN GÉNÉRAL

Aimez-vous l'impôt ? Drôle de question, n'est-ce pas ? On sait depuis la nuit des temps que l'impôt sous toutes ses formes, en nature ou en espèces, est une privation et une contrainte. Cette dernière pourrait se définir comme une violence exercée contre un individu pour l'obliger à faire quelque chose malgré lui, ou encore pour l'empêcher de faire ce qu'il voudrait faire[1]. Donc le contribuable ne peut pas aimer les impôts et les taxes ; ce ne serait pas dans l'ordre normal des choses. C'est ce que soutient Jeanne Baillargeon lorsqu'elle affirme : « Dans l'opinion populaire comme dans le discours littéraire, il existe un préjugé bien enraciné contre les impôts et les taxes. Le fisc provoque des réactions viscérales d'hostilité ou d'hilarité quasi ataviques qu'utilisent habilement les néo-libéraux[2]. » En ce sens, selon ce que nous dit Jeanne Baillargeon, les ressentiments du contribuable, et par conséquent le contribuable lui-même, seraient utilisés par les tenants du néo-libéralisme dans leur croisade antitaxes, derrière laquelle se profile un préjugé anti-État solidement ancré. En effet, il est relativement aisé au premier démagogue venu de susciter le déplaisir en invoquant le fardeau fiscal, qu'il soit individuel ou collectif.

---

1. René BAILLY, *Dictionnaire des synonymes de la langue française,* Paris, Librairie Larousse, 1971, p. 157.
2. Jeanne BAILLARGEON, « Fiscalité et solidarité sociale », dans *Interventions économiques,* nº 18, 1987, p. 86.

Pour plusieurs d'entre nous, avouons-le, un sou perdu à l'impôt c'est déjà trop. À cela nous ne pouvons rien changer. Il y aura toujours des gens que l'on appelle des *free-riders*, tout comme il y aura toujours des personnes viscéralement opposées à toutes formes de taxation. On comprendra facilement qu'entre payer des contributions à l'État et en être exempté, le choix est évident. Cependant, l'impôt est une fatalité ; toute personne qui vit en collectivité le sait et l'accepte, bon gré mal gré, parce qu'au fond les gouvernements et les prélèvements de deniers publics sont considérés comme indispensables.

DES IMPÔTS INDISPENSABLES

Le discours à la mode, lors des années fastes, est celui qui préconise la substitution de l'entreprise privée à un État omniprésent. On invoque trop légèrement, dans ces moments de grâce du développement économique, la supériorité du secteur privé sur le secteur public, sa plus grande rapidité, sa souplesse, etc. La « vaillance » des cols bleus municipaux s'affairant autour d'une cavité de la chaussée nous est alors proposée comme image type du fonctionnement des services publics. Cette image n'est ni fausse, ni exagérée ; elle serait plutôt vraie et réaliste. Cependant, elle ne représente pas l'ensemble de l'administration publique – heureusement.

Tous les Québécois, comme nous l'avons vu dans les pages précédentes, ne sont pas dupes du discours anti-État. Au contraire, on semble beaucoup tenir aux institutions en place, même si le mythe de l'efficacité de l'entrepreneurship privé a des racines bien solides. Cet attachement au secteur public est bien perceptible dans les réponses aux questions sur la nécessité de l'impôt, tout comme nous avons pu le discerner dans les réponses sur le rôle indispensable de la bureaucratie dans le maintien du bon fonctionnement de la société.

Une majorité (64,5 %) de Québécois, répétons-le, ont affirmé l'impossibilité de faire fonctionner la société sans la bureaucratie ; il en va de même de leur opinion face à la taxation. Nous leur avons proposé : « L'impôt est une nécessité. » Peu s'y sont opposés, en fait pas plus de 10 % des répondants. En outre, nous n'avons pas remarqué de traits distinctifs chez ces dissidents ; pas plus le sexe que le revenu annuel ou la langue parlée, etc. Nous en concluons donc que les citoyens du Québec sont bien conscients des impératifs de la vie en société et des dépenses obligatoires que cela entraîne. D'ailleurs, leur comportement face aux règles administratives de l'impôt témoigne fidèlement de leur volonté première de respecter les règles et de jouer le jeu.

QUESTION :   **Est-ce que l'impôt est une nécessité ?**

	N	*%*
Compl. d'accord	532	52,3
D'accord	371	36,5
En désaccord	73	7,1
Compl. en désaccord	29	2,9
N.S.P.	12	1,2
Total	**1 017**	**100**

LE BON CITOYEN

Selon leurs dires, les Québécois sont des citoyens et des contribuables responsables. À la date limite du 30 avril 1993, 9 contribuables sur 10 auraient effectivement fait parvenir leur déclaration de revenus aux administrations compétentes. Et ce, en dépit du fait qu'au moins 21,3 % d'entre eux devaient débourser une somme additionnelle d'argent, les prélèvements périodiques s'étant avérés insuffisants pour payer le montant dû. Donc, on peut d'ores et déjà exclure, pour la majorité des contribuables du moins, le paiement additionnel comme motif de retard dans la production de la déclaration annuelle.

Malheureusement, nous n'avions prévu aucune question addition-nelle afin de fouiller un peu les raisons des retardataires, soit près de 10 % des répondants. On peut, dans ces conditions, imaginer que ces retards sont principalement dus à la négligence et, dans une moindre mesure, au temps requis pour réunir les fonds nécessaires à l'acquitte-ment de la facture des impôts. Selon les apparences, pour les Québécois les impôts et le paiement des impôts ne constituent pas un drame. Et,

contrairement à l'expression utilisée par Jean Dubergé, ils n'ont pas
« mal à l'impôt[3] ». Qui plus est, toujours selon ce que nous avons pu
sentir dans les réponses aux questions sur les pratiques en matière de
déclarations de revenus, la plupart des gens s'acquittent rapidement de
leur devoir, n'ayant franchement pas l'intention de fuir le fisc par
tricherie ou par astuce.

QUESTION: **Cette année, avez-vous rempli vous-même**
votre déclaration de revenus ou l'avez-vous fait
remplir par quelqu'un d'autre?

	N	%
Comptable	259	28,4
Commis-comptable	17	1,8
Quelqu'un qui habite avec vous	31	3,4
Parent	90	9,9
Ami(e)	71,	7,8
Collègue de travail	11	1,2
Firme spécialisée	97	10,6
Vous-même	320	35,0
Autre	17	1,8
P.R.	104	–
Total	**1 017**	**100**

Nous savons, par ailleurs, que plus du tiers des contribuables
québécois remplissent eux-mêmes leur déclaration de revenus. Quatre
sur dix choisissent plutôt de faire appel aux services d'une firme spécia-
lisée, d'un comptable ou encore d'un commis-comptable. Enfin, un
peu plus de 20 % recourent à l'aide soit de quelqu'un qui habite avec
eux, soit d'un parent, d'un ami ou d'un collègue de travail. Comme
nous le soupçonnions, l'instruction, le revenu ou la propriété ont une
influence directe sur le mode de préparation de la déclaration fiscale.
Les plus instruits et ceux qui jouissent d'un revenu annuel supérieur

---

3. Jean DUBERGÉ, « Le processus de la dédramatisation des impôts », dans *Revue fran-*
   çaise des finances publiques, n° 41, 1993, p. 85 à 90.

(bien souvent les mêmes) vont davantage utiliser les services d'un expert comptable ou rédiger eux-mêmes leur déclaration de revenus. Il en va de même pour les contribuables qui sont propriétaires de leur lieu de résidence.

Fait à signaler, la popularité du recours aux firmes spécialisées de type H&R Block s'est confirmée. Nous l'avons observée notamment chez les contribuables dont le niveau de scolarité se situe entre 8 et 15 années d'études et dont le revenu annuel.déclaré est inférieur à 30 000 $. Par contre, il y autant de propriétaires que de locataires qui confient cette tâche au « dépanneur en déclaration de revenus ». Toujours à ce chapitre, 23,1 % de Québécois qui disent rédiger seuls leur déclaration fiscale ont reconnu fournir aussi ce service à quelqu'un d'autre.

Le niveau de complexité de la déclaration fiscale explique, sans doute, la popularité du recours à une tierce personne. Pour illustrer cette complexité des formulaires de déclaration, le périodique *Taxation* rapportait, dans sa livraison du 11 octobre 1990 : « Tax complexity has driven about 4.5 million Canadians (almost 40 % of all taxpayers) to go to professional tax preparers[4]. » Les gens que nous avons interrogés nous ont dit la vérité. Le même article rappelait aussi le fait qu'en 1960 un formulaire standard de déclaration de revenus des particuliers se résumait à une simple page. En 1988, ce même formulaire était de 4 pages, auxquelles s'ajoutait un guide de 64 pages, plus 2 tables d'impôt et 6 formulaires pour les déclarations particulières, et ce, sans compter les guides additionnels pour les gains de capitaux, les frais pour enfants et ainsi de suite. De plus, toujours selon le même article, une seule phrase du formulaire de 1988 (déclaration fédérale) contenait 195 mots, avec 12 « et », 5 « ou » et 3 « si ». Alors, pour la simplicité et la clarté, on repassera.

Chez nos répondants, 45 % ont estimé que les formulaires d'impôt étaient ou plutôt difficiles ou très difficiles. Une proportion presque égale, par contre, soit en fait 46,7 %, ont soutenu que les formulaires étaient plutôt faciles ou encore très faciles. Cette dernière réponse étant, toutefois, le choix de seulement 10 % des contribuables.

---

4. *Taxation*, « Bewildering complexity », 11 octobre 1990.

QUESTION :   Les formulaires d'impôt vous paraissent...

	N	%
Très faciles	101	10,3
Plutôt faciles	359	36,5
Plutôt difficiles	262	26,7
Très difficiles	181	18,4
N.S.P.	80	8,2
P.R.	34	–
Total	**1 017**	**100**

On retrouve dans ce groupe, comme il fallait s'y attendre, un part significative des plus scolarisés, quoique plus du tiers des diplômés des collèges ou des universités ne considèrent pas les formulaires de déclaration de revenus comme faciles ou très faciles. Les prétentions des ministères du Revenu, tant fédéral que provincial, à produire des formulaires simples et accessibles n'obtiennent pas tout le résultat escompté si on se fie aux principaux intéressés.

Nous leur avons demandé, dans la même veine, à quel moment de la « saison des impôts » ils s'acquittaient de leur tâche. Curieusement, il n'y en a que 17,5 % qui ont dit le faire à la dernière minute. Cette information ne concorde pas tout à fait avec, d'une part, la croyance populaire et, d'autre part, les comptes rendus des médias voulant que beaucoup s'y prennent à la dernière minute.

QUESTION :   Habituellement, est-ce que vous faites
              votre rapport d'impôt longtemps à l'avance,
              juste à temps ou vraiment à la dernière minute ?

	N	%
À l'avance	464	47,5
À temps	332	34,0
À la dernière minute	165	17,0
N.S.P.	14	1,5
P.R.	42	–
Total	**1 017**	**100**

En règle générale, donc, le contribuable québécois semble sage et ne considère pas cette obligation comme trop rebutante ou, simplement désire s'en débarrasser le plus vite possible. Une dernière hypothèse serait que ceux qui attendent une remise d'argent procèdent plus rapidement que les autres et que, inversement, ceux qui doivent de l'argent au fisc (30 % des personnes interrogées) semblent moins prompts à rédiger leur déclaration. Nous savons que 60,9 % des gens interrogés escomptaient un retour d'impôt, mais nous ne sommes pas, pour l'instant, en mesure de confirmer un rapport entre le fait d'espérer une rentrée d'argent et la rapidité de la déclaration. En résumé, quant à son devoir de déclaration annuelle de revenus, le Québécois est soucieux de bien agir et respectueux de la procédure établie par les autorités fiscales. Il est un bon citoyen.

LA LOURDEUR DU FARDEAU FISCAL

Dans son bulletin régulier du 19 janvier 1993, *Canadian Tax Highlights*, l'Association canadienne d'études fiscales s'interrogeait pour savoir si les taxes sont trop élevées. David B. Perry, auteur de la question, faisait observer, dans sa réponse, que le fardeau fiscal de l'ensemble des Canadiens est plus lourd qu'il y a 10 ans et plus lourd qu'il ne l'était traditionnellement par rapport au fardeau fiscal des contribuables américains. De plus, le Canada aurait rejoint les pays européens industrialisés au chapitre de la pression fiscale, malgré le fait que ceux-ci dispensent plus de services publics. Il n'y a qu'en Italie que le taux d'alourdissement de l'impôt ait connu une progression plus rapide. Perry s'empresse toutefois d'ajouter qu'il n'existe pas de règle véritable pour déterminer si, en effet, le fardeau fiscal est trop lourd. L'existence, dans les autres pays industrialisés, d'un marché privé offrant des services qui, au Canada, sont financés par les taxes, peut avoir un effet d'équivalence.

Les Québécois pensent majoritairement que le coût de l'aide, des services ou des soins fournis par les gouvernements est trop élevé. Un groupe un peu plus restreint, 26,2 % estime que le prix payé est équivalent au service, tandis que seulement 13,1 % pensent débourser un prix inférieur à la valeur du produit reçu. Ces derniers se recrutent,

vous l'aurez deviné, surtout chez ceux dont le revenu annuel est plutôt
faible, voire très faible, c'est-à-dire moins de 10 000 $. La question posée
aux gens ne se limitait pas au seul impôt progressif sur le revenu, mais
englobait les autres impôts et taxes de toutes sortes, entre autres les
taxes à la consommation, les taxes sur le salaire, les impôts fonciers, les
droits de douane, etc. Évidemment, rares sont les gens qui tiennent
une comptabilité très rigoureuse des taxes et impôts qu'elles paient à
l'État, et les personnes interrogées nous ont livré une impression
davantage qu'une évaluation comptable de leur fardeau fiscal réel.
Comme près de 60 % des contribuables disent payer un prix trop élevé,
nous en avons déduit qu'ils affirmeraient par la suite que le système est
injuste et inéquitable. Voyons cela.

QUESTION :	Vous-même, quel est votre sentiment vis-à-vis de l'impôt ? Diriez-vous que vous donnez en impôts et taxes de toutes sortes plus, autant ou moins que vous recevez du gouvernement sous forme d'aide, de services et de soins ?

	N	%
Plus	590	58,2
Autant	265	26,2
Moins	133	13,1
N.S.P.	25	2,4
P.R.	4	–
Total	**1 017**	**100**

DE LA JUSTICE ET DE L'ÉQUITÉ

Lorsque vient le temps d'élaborer la politique fiscale, les autorités
gouvernementales doivent trouver des réponses pertinentes à trois
questions précises : Qui doit payer les impôts et les taxes ? Quels sont
les objets et les activités qui doivent constituer la matière imposable ?
Comment et avec quels outils doit-on prélever les ressources nécessaires au fonctionnement de l'État ? Les réponses à ces questions soulè-
vent à chaque fois un certain nombre de problèmes, dont les plus

importants sont reliés à la justice et à l'équité de la distribution du fardeau fiscal entre tous les contribuables[5].

L'injustice du système

Le système de taxation auquel sont soumis les Québécois serait injuste selon ce que croient les trois quarts d'entre eux. Presque autant estiment que la faute en revient soit à la nature même du système, soit à l'utilisation qu'en font les gens.

PROPOSITION : L'impôt est un système...

	N	%
Injuste	779	76,6
Égal	193	19,0
Ni l'un, ni l'autre	12	1,2
N.S.P.	31	3,0
P.R.	2	–
Total	**1 017**	**100**

Les principes élémentaires de justice voudraient que ceux qui utilisent le plus souvent et le plus abondamment les services publics paient davantage d'impôts et de taxes. Tel n'est pas nécessairement le cas, car l'impôt, s'il vise à la justice, vise également à la solidarité entre les membres de la collectivité. Justice et solidarité ne sont pas incompatibles. Les programmes sociaux et en particulier les programmes de soutien du revenu sont d'ailleurs fondés sur ces principes complémentaires de justice et de solidarité. Nul ne choisit d'être frappé par un licenciement, une maladie, un handicap, un accident, ou quelque sinistre. Ceux qui sont affligés d'une contrainte temporaire ou définitive, qu'ils n'ont ni souhaitée ni cherchée de manière délibérée ont un droit légitime à une compensation fiscale. Par le jeu de la distribution du fardeau de l'impôt, une politique fiscale soucieuse de justice fera en sorte que tous puissent jouir des mêmes biens et services collectifs

---

5. Voir, à ce propos, Pierre P. TREMBLAY, *La politique fiscale ; à la recherche du compromis*, PUQ, 1995, p. 33 à 38.

et publics sans en supporter tous nécessairement les mêmes coûts ; ce qui suppose que certains seront totalement exemptés de payer de l'impôt.

Les chiffres les plus récents à cet égard montrent qu'au Canada, pour l'année d'imposition 1991 sur un total de 19 050 830 déclarations de revenus, 13 710 450 furent considérées comme imposables et 5 340 380 furent jugées non imposables, soit 28 % de l'ensemble des déclarations. La grande majorité des contribuables exemptés avaient un revenu annuel inférieur à 20 000 $. Une très faible proportion (moins de 0,1 %) concernait des revenus supérieurs à 100 000 $. Pour l'impôt sur le revenu payé au gouvernement québécois lors de cette même année, les proportions sont similaires, à savoir 29,8 % de contribuables non imposés.

La proportion élevée de contribuables exemptés du fardeau fiscal semble donner raison aux gens lorsqu'ils clament que le système est foncièrement injuste. À une question qui cherchait à faire identifier les responsables de l'injustice du système fiscal, 33,8 % des personnes interrogées ont répondu que le système est intrinsèquement injuste. Par contre, ils étaient légèrement plus nombreux à dire que le système est rendu injuste par les contribuables qui réussissent à le contourner. La distribution des réponses à la question sur l'imputabilité ramène à la surface la question de l'aliénation sociale et économique d'un certain nombre d'individus. En effet, comment ne pas voir dans les 295 répondants qui pensent que les contribuables sont responsables de la situation les mêmes que ceux qui croient à la loi du plus fort. Si on fait correspondre le groupe de ceux qui prêtent foi au caractère injuste du système à ceux qui pensent que les lois sont au service des riches, il se dégage une image de l'aliénation du système fiscal lui-même.

Ce sentiment d'injustice est bien ancré, certes, mais à des degrés divers, selon qu'on l'examine à partir de traits sociodémographiques particuliers. Ainsi, on découvre que les moins scolarisés (moins de sept années) sont proportionnellement moins nombreux à croire percevoir l'injustice du système. C'est chez les gens de scolarité moyenne, de 13 à 15 ans, que se trouve le plus fort contingent de répondants qui croient à l'injustice. On obtient une distribution similaire en employant la variable du revenu annuel. Les gens de la classe moyenne, ceux dont le revenu s'inscrit dans une fourchette de 30 000 $ à 60 000 $, sont les plus nombreux à répondre que le système est injuste. Cette opinion perd graduellement de sa vigueur de 20 000 $ en descendant et de 60 000 $ en montant.

QUESTION : **Est-ce le système en lui-même qui est injuste ou plutôt les gens qui réussissent à le rendre injuste en le contournant ?**

	N	%
Le système est injuste	264	25,9
Rendu injuste par ceux qui le contournent	295	29,0
Les deux à la fois	207	20,3
Aucun des deux	1	0,0
N.S.P.	14	0,01
P.R.	237	23,3
Total	**1 017**	**100**

L'âge constitue aussi une variable singulière en ce qui concerne la propension des répondants à qualifier le système d'injuste. Ce sont surtout les Québécois entre 35 et 44 ans qui affirment être le plus d'accord avec cet énoncé (84,4 %). En fait, il s'agit là du groupe charnière. Les personnes qui ont entre 18 et 24 ans ont moins tendance à qualifier le système d'injuste. Par contre, les gens qui ont entre 25 et 34 ans partagent cette opinion dans une proportion de 79,6 %. À partir de 45 ans, on observe une baisse constante du nombre de répondants estimant le système injuste. On pourrait sans doute émettre l'hypothèse que c'est parce qu'elle est la plus représentative de la population active et que son taux marginal d'imposition est plus élevé, que la catégorie des 35-44 ans montre une plus grande propension à remarquer l'injustice du système. Dans tous les autres cas, les citoyens soit en sont à leurs premiers pas sur le marché du travail (le groupe des 25-34 ans), soit ont atteint le stade de la préretraite.

Au cours de notre enquête, nous avons également interrogé les Québécois à propos de leur pratique religieuse, étant d'avis que la pratique religieuse doit avoir une influence sur la fraude fiscale. Par surcroît, l'intérêt d'une telle variable tenait au fait que le facteur religieux, durant les années 1960 et 1970, joua un rôle important dans l'explication du comportement électoral. Jusqu'à l'élection québécoise de 1981, certaines données tendent à démontrer que la pratique religieuse était un facteur important de l'appui au Parti libéral du Québec dirigé par Claude Ryan. Mais la sécuralisation grandissante de la société québécoise, durant les années 1980, nous amène à dire, sans trop risquer d'erreur, que les valeurs morales et religieuses ont une influence de moins en moins grande sur les attitudes des citoyens.

Nous avons donc posé la question suivante : « Personnellement, participez-vous très souvent, souvent, rarement ou jamais à des offices religieux (messes, processions, manifestations, etc.) ? » Les résultats indiquent que les personnes les plus pratiquantes ont tendance à prononcer des jugements plus favorables. Pour eux, le système de l'impôt est le plus juste (26,1 %) ou il est le moins injuste (64,2 %). À l'opposé, ceux qui ne participent jamais à des offices religieux ont aussi des opinions convergentes, mais défavorables envers le système. Pour ces derniers, le système d'imposition demeure relativement injuste (74,7 %). Cependant, comme la pratique religieuse est plus grande chez les personnes âgées, il se peut que le jugement soit davantage influencé par l'âge. Tout cela reste à vérifier.

L'équité

La science fiscale enseigne que l'équité est généralement considérée comme le plus important de tous les critères qui doivent présider au choix de politique fiscale[6]. Ce critère permettrait presque à lui seul de distinguer, c'est du moins ce qu'on dit, entre un bon et un mauvais système de taxation. Il y aurait, toujours selon la science fiscale, deux manières de définir l'équité. D'un côté, elle s'exprimerait par un principe d'équivalence voulant que chaque contribuable paie un montant correspondant aux avantages qu'il retire des prestations de l'État. Cependant, il est très difficile pour des gouvernements d'appliquer ce

---

6. Lire à ce propos Luc WEBER, *L'État, acteur économique,* Economica, Paris, 1988.

principe de proportionnalité puisque, on l'a vu précédemment, la justice d'imposition est incompatible avec cette première définition. De plus, la difficulté vient du fait, comme l'écrivait Pierre Moessinger, que « les individus révisent souvent leur idée de juste, modifiant l'idée même qu'ils se font de leur contribution ou de leur rétribution[7] ». Il faudrait alors opter pour une seconde approche, celle de la capacité contributive. Luc Weber écrit à ce propos :

> Il [le principe] préconise en effet que la charge fiscale doit être distribuée entre les agents économiques conformément à leur aptitude à contribuer au financement des prestations de l'État, soit selon leur capacité économique. Ce principe renonce donc, au niveau des citoyens contribuables, à tout lien entre impôts et prestations publiques.

En somme, comme cet auteur le dit un peu plus loin dans son ouvrage, l'équité entraîne l'acceptabilité du système fiscal. Ce qui, en dernier lieu, est la condition essentielle pour un bon fonctionnement de la politique fiscale.

En se basant sur la capacité contributive, le concept d'équité se définit maintenant de deux façons : horizontalement et verticalement. Par équité horizontale on entend une imposition au même tarif[8] des contribuables jouissant d'un volume comparable de richesses ; tandis que par équité verticale on entend une contribution proportionnelle à la richesse évaluée des individus et des entreprises. Horizontale ou verticale, l'application du critère d'équité ainsi fondé sur la richesse pose toutefois problème, parce que le revenu ne peut à lui seul déterminer la capacité contributive réelle d'un contribuable. Pour obtenir cette capacité, on doit pondérer le fardeau fiscal en tenant compte des besoins essentiels, de la participation à l'économie ainsi que de toutes les autres contraintes. L'équité fiscale doit donc être définie horizontalement et verticalement par rapport à la véritable capacité de payer, de préférence aux signes extérieurs de la richesse. D'où l'absurdité de la tendance actuelle à vouloir situer la richesse à la hauteur d'un revenu annuel de 60 000 $. Pour beaucoup de citoyens qui soutiennent le développement

---

7. Pierre MOESSINGER, *La psychologie morale*, Paris, PUF, 1989, p. 106.
8. Le tarif fiscal comprend le taux initial ajusté aux crédits ou aux exemptions.

économique par leur consommation et par leur épargne, ce revenu est à la limite inférieure du suffisant. Pensons à ce que serait l'économie canadienne si les gens appartenant à cette catégorie de revenus n'achetaient ni maisons, ni véhicules automobiles, ni services de loisirs ou d'éducation.

En somme, l'équité fiscale n'est pas un concept réductible au seul revenu gagné. On oublie trop souvent qu'on ne peut le conjuguer uniquement avec « avoir » et « être » ; il faut aussi le verbe « faire ». C'est-à-dire que les critères de l'équité ne doivent pas seulement être fondés sur la richesse possédée, mais aussi sur l'utilisation réelle de cet avoir. Le fait de ne pas saisir toute l'importance du verbe faire dans l'établissement de la politique fiscale engendre souvent un vif étonnement devant le faible montant d'impôt payé par des individus ou des entreprises apparemment riches et bien portants. Distinguer la simple possession des richesses de la mise à contribution sociale et économique des ressources afin de récompenser ces efforts par un prélèvement fiscal équitable constitue un des défis majeurs des responsables de la politique fiscale. Ils n'y parviennent jamais totalement en raison de l'impossibilité d'établir de manière précise la situation des contribuables. Les techniques fiscales en vigueur autorisent uniquement une évaluation (la plus fidèle possible) de la situation socioéconomique des contribuables.

C'est ainsi que la technique fiscale devient une contrainte additionnelle sur la route de l'équité. Par exemple, l'impôt sur le revenu ne peut à lui seul être garant d'équité, du fait de l'élasticité du concept de revenu et aussi à cause de la pratique de l'évitement fiscal que cet impôt engendre. Pour s'assurer de rejoindre tous les citoyens, l'administration fiscale doit recourir à une batterie de prélèvements couvrant toute l'étendue des activités économiques des individus, des entreprises et des collectivités. Ainsi, un contribuable qui parvient à échapper à l'impôt sur le revenu verra ce même revenu taxé au moment où son capital s'enrichira ou lorsque son revenu lui servira à consommer. La recherche de l'équité requiert donc un certain degré de complexité, ce qui est bien souvent incompatible avec une autre des attentes des citoyens à l'égard du système de taxation : la simplicité. Enfin, le dernier mot sur cette délicate question de l'équité fiscale pourrait revenir à

Guy Leclerc qui écrivait dans une thèse de doctorat: «On peut se demander, pour résumer le problème de l'équité fiscale, ce qui est juste dans un contexte donné, et ce qui ne l'est pas[9].» Leclerc nous disait, en somme, que l'idée d'équité subissait une constante mutation.

LE FARDEAU FISCAL DES UNS ET DES AUTRES

Nous consommons tous, souvent à notre insu, des biens et des services publics. Nul ne saurait prétendre le contraire. Pour un Canadien ou un Québécois, être protégé par une charte des droits et libertés, recourir aux services de la police ou des pompiers, fréquenter l'école, consulter un médecin ou se déplacer sur les routes, ce sont là diverses formes d'utilisation des services fournis par l'État. Certains de ces services sont visibles et mesurables, d'autres ne le sont pas. Tous, cependant, constituent un bénéfice pour celui qui en use ou qui y a recours directement et représentent aussi un bénéfice pour la collectivité. Par exemple, une charte des droits et libertés permet à un citoyen de recevoir un service si le besoin s'en fait sentir. Par ailleurs, l'existence d'une telle charte contribue, sans aucun doute, à assainir les relations entre les citoyens et, par le fait même, participe à la paix sociale qui est un avantage collectif et indivisible. Il est donc juste que tous soient appelés à financer le trésor public.

Un prix équivalent à l'usage

En revanche, la consommation des biens et services publics varie grandement d'un citoyen à l'autre. Certains en utilisent beaucoup plus que d'autres. C'est le cas, notamment, des entreprises de camionnage qui empruntent les grandes voies de circulation. On peut, comme les gouvernements le font, leur imputer une responsabilité plus grande que celle de l'automobiliste occasionnel dans la détérioration du réseau routier. Il en est ainsi des étudiants dont la durée de fréquentation scolaire est plus longue que la moyenne, des malades chroniques

---

9. Guy LECLERC, *Psychologie de l'impôt et équité fiscale,* Thèse de doctorat, Université Paris IX Dauphine, 1976, p. 11.

hospitalisés en permanence et ainsi de suite. Les usagers compulsifs devraient donc payer un prix global plus élevé, un prix juste et équivalant au niveau de consommation. D'où la tarification de plusieurs services publics, qui permet de distinguer entre le coût d'acquisition d'un équipement ou d'une infrastructure, qui doit être partagé par l'ensemble des citoyens, parce que cela s'ajoute au patrimoine collectif, et le coût de l'exploitation, qui profite à long terme à l'ensemble de la société, mais dont l'avantage immédiat se limite aux individus. Cette distinction nécessaire montre bien que la justice est un concept difficile et qu'il prête à une infinité de définitions.

L'ambiguïté du concept d'équité vient aussi de l'existence, du moins dans la tête des individus, d'une hiérarchie des services étatiques. De sorte que la circulation sur les routes et l'occupation d'un lit en centre hospitalier ne sont pas perçues comme des « dépenses » équivalentes. On a tendance à minimiser le prix du premier, en raison surtout de la difficulté d'établir le rapport coût/utilisation, comme on est enclin à surévaluer le prix du second, en raison même de la relative facilité avec laquelle on calcule les coûts directs de chaque lit.

Une question de solidarité

Le caractère ambigu du concept d'équité, du moins dans son application, place les gouvernements devant des options délicates. Les principes élémentaires de justice et d'équité, répétons-le, voudraient que les plus gros usagers paient davantage d'impôts et de taxes[10]. Il ne peut en être ainsi de manière arbitraire, car l'impôt, s'il doit viser à la justice, doit aussi tenir compte de la solidarité entre les membres de la collectivité. Justice et solidarité ne sont pas des concepts incompatibles. Les programmes sociaux et en particulier les programmes de soutien du revenu sont d'ailleurs fondés sur ces principes complémentaires de justice et de solidarité. En effet, le licenciement, la maladie, le handicap, l'accident ou tout autre sinistre ne sont pas des options délibérées. Ceux

---

10. Pour un bonne discussion sur cette question et notamment sur le problème de l'équité entre les générations, voir James B. Davies et France St-Hilaire, « Diverses options de réforme de l'imposition des revenus du capital au Canada : leurs effets sur l'efficience et la distribution des revenus », Ottawa, 1987.

qui sont ainsi affligés, temporairement ou définitivement, ont un droit légitime à être compensés, ce à quoi peut servir la distribution du fardeau fiscal. Cela signifie qu'une politique fiscale juste et équitable permettra à tous d'accéder aux mêmes biens et services publics, sans que tous en supportent nécessairement les coûts de façon identique ; certains seront même totalement exemptés d'impôt.

L'équité selon les Québécois

Dans notre enquête, nous avons voulu vérifié les deux dimensions du concept d'équité. Selon la formule de l'équivalence, nous n'avons observé aucun clivage sur la base de la scolarité des individus. Par contre, l'utilisation de la variable du revenu annuel permet de distinguer une certaine opposition entre ceux qui ont les revenus les plus élevés et ceux qui ont les revenus les plus bas. C'est d'ailleurs chez ces derniers que l'impression de trop payer par rapport aux services obtenus est la moins forte. En fait, les données recueillies montrent que c'est chez les personnes à revenus moyens et à revenus élevés que l'impression d'inéquité fiscale est la plus forte. Regardons cela plus attentivement.

La question soumise aux personnes interrogées se lisait ainsi : « En général, diriez-vous que l'impôt touche trop, juste assez ou pas assez les personnes... à faibles revenus... à revenus moyens... à gros revenus ? » Comme il fallait s'y attendre, une majorité, au demeurant assez faible, pense que l'impôt pèse trop lourdement tant sur les gens à faibles revenus que sur ceux dont les revenus les placeraient dans la classe moyenne. Par contre, il se dégage une nette majorité de personnes qui pensent que le fardeau fiscal des mieux nantis est trop léger. Fait intéressant, cependant, pour chaque choix de réponse suggéré, nous avons observé un taux élevé d'abstentions. En effet, une cohorte stable de 233 répondants n'ont pas été en mesure ou n'ont pas voulu porter de jugement sur l'équité du fardeau fiscal. Nous expliquons ce phénomène par la méconnaissance de la réalité du fardeau fiscal chez les Québécois.

Mais si on s'en tient, pour le moment, uniquement à ceux qui se sont prononcés, on peut dire que, selon nos analyses statistiques, les personnes fortement scolarisées ont une nette tendance à relativiser le fardeau fiscal des faibles revenus. À l'opposé, c'est chez les moins scolarisés que le sentiment d'iniquité est le plus répandu. En fait, la force du sentiment d'iniquité du fardeau fiscal décroît avec l'augmentation de la scolarité. Par rapport au fardeau de la classe moyenne et à celui de la classe supérieure, la variable scolaire n'a pas permis d'établir de clivage significatif. En revanche, la variable du revenu annuel s'est avérée beaucoup plus significative ; la corrélation est très claire entre le revenu du répondant et le jugement sur l'équité du fardeau fiscal. En somme, la lourdeur des impôts semble toujours plus accablante pour soi que pour les autres. Il y a là une belle illustration de la justesse du propos du sieur de la Fontaine sur la qualité de l'herbe du voisin.

QUESTION :   Aux personnes à gros/moyens/faibles revenus l'impôt demande...

Revenus	*Faibles*		*Moyens*		*Élevés*	
	N	*%*	*N*	*%*	*N*	*%*
Trop	589	57,9	564	55,4	58	0,5
Juste assez	159	15,6	195	19,2	71	63,1
Pas assez	21	0,2	12	0,1	642	–
N.S.P.	15	0,1	13	0,1	12	0,1
P.R.	233	22,9	233	22,9	234	22,9
Total	**1 017**	**100**	**1 017**	**100**	**1 017**	**100**

Toujours sur cette question de l'équité fiscale, entre 35 et 44 ans et entre 45 et 54 ans, les Québécois estiment payer davantage d'impôt qu'ils ne reçoivent de services de la part du gouvernement. Ce sont les plus jeunes, ceux qui ont entre 18 et 24 ans, qui pensent, plus que tout autre groupe (30,8 %), que le coût des services publics est juste. Les personnes âgées de plus de 65 ans affirment, pour leur part, payer moins d'impôt et recevoir davantage de services. Enfin, la pratique religieuse semble amener les gens à être satisfaits du fardeau fiscal et à dire que le montant des impôts est inférieur à la valeur réelle des services reçus.

TABLEAU 2 La valeur des services publics reçus par les familles, Canada 1990

Revenu ($000)	Impôt moyen	Bénéfice moyen	Bénéfice net moyen	Rapport impôt/ bénéfices	% du fardeau total	% des bénéfices reçus	% de la population
< 20	2 483	19 606	17 118	0,13	3 %	19 %	15 %
20-30	9 021	23 471	14 449	0,38	5 %	13 %	11 %
30-40	15 106	23 641	8 535	0,64	8 %	12 %	11 %
40-50	20 502	24 528	4 026	0,84	10 %	11 %	12 %
50-60	26 254	26 080	–175	1,01	11 %	10 %	11 %
60-70	31 247	28 050	–3 197	1,11	11 %	9 %	10 %
70-80	37 307	28 408	–8 899	1,31	9 %	7 %	7 %
80-90	41 602	27 828	–13 774	1,49	8 %	5 %	6 %
90-100	48 252	29 302	–18 950	1,65	7 %	4 %	4 %
> 100	77 160	31 925	–45 235	2,42	28 %	11 %	11 %

Source : Institut Fraser.

Les données chiffrées qui ont été compilées par l'Institut Fraser et qui sont rapportées dans le tableau ci-dessus démontrent une tendance à l'équité du système fiscal canadien. Ainsi, que ce soit au chapitre du bénéfice moyen ou à celui du bénéfice net, il est clair que les plus démunis reçoivent une valeur en biens et en services publics supérieure à leur contribution. Mais le mouvement se renverse, au fur et à mesure que les revenus déclarés augmentent. Le rapport impôt/bénéfices en est une preuve additionnelle.

En conclusion, les Québécois, selon ce qu'ils nous ont déclaré, doutent de la justice et de l'équité du système de taxation. D'ailleurs, nos observations concordent avec celles d'autres enquêtes, notamment les sondages effectués pour le compte du magazine *L'Actualité* où 60 % des personnes interrogées estiment payer trop d'impôts, contre 37 % qui croient en payer juste assez[11]. Étant donné le jugement défavorable

---

11. *L'Actualité,* 15 mars 1994, p. 25.

des contribuables québécois envers le système fiscal et les récriminations qu'ils entretiennent, nous pensons que le système de taxation et le jugement de ceux qui y sont assujettis contiennent les ferments de comportements fiscaux délictueux ou, au moins, d'attitudes favorables à la fraude fiscale.

LE CONTRIBUABLE
ET LA FRAUDE FISCALE

Dans un livre publié en 1984, Paul Malvern et George Vandenberg[1] écrivaient que la fraude fiscale avait accédé aux « ligues majeures » dans les années 1980 et avait remplacé le hockey comme sport national des Canadiens. Divers rapports scientifiques et gouvernementaux à l'appui, les deux auteurs affirmaient qu'en ce domaine, les Canadiens surpassaient les Américains. Si cela est vrai, voilà un championnat peu enviable et que les Américains ne s'empresseront pas de nous contester. Quoi qu'il en soit véritablement, les écrits de Malvern et Vandenberg donnent plus de poids aux rumeurs voulant que le phénomène aille en s'amplifiant. Il est pour le moins étonnant, dans les circonstances, que nos bons Québécois se déclarent plutôt vertueux à ce chapitre lorsqu'on leur pose la question sur une base personnelle et confidentielle.

Le Québécois serait-il sincère, ou tartarin ou tartuffe, comme le propose la nomenclature du contribuable établie par Jean Dubergé[2] ? On ne saurait répondre avec certitude ! Notre sentiment est que les

---

1. Paul MALVERN et George VANDENBERG, *Fighting Back ; Tax Evasion and the Great Canadian Tax Revolt,* Toronto, Methuen, 1984, p. 11 à 14.

2. Jean DUBERGÉ, *op.cit.,* 1990, p. 229 à 231. Pour cet auteur, les « sincères » ont des comportements semblables à leurs opinions, les « tartarins » se trompent eux-mêmes étant inconscients de l'ambivalence de leur discours et de leur comportement, et les « tartuffes » prônent un comportement ne respectant pas leur propre opinion.

contribuables, au Québec, entretiennent un certain bagage d'illusions sur eux-mêmes et sur les autres. Ils se pensent beaucoup plus vertueux qu'ils ne le sont en réalité. D'autant plus que des données provenant d'enquêtes[3] sérieuses sur le sujet et antérieures à la nôtre révèlent que, au Québec, la fraude fiscale due particulièrement à la pratique du travail au noir affiche sensiblement la même ampleur que celle qui se pratique un peu partout dans le monde. Elle toucherait la population active de plus de 18 ans dans une proportion de 13,8 %. C'est beaucoup, direz-vous ! Au contraire, nous pensons que c'est là un chiffre relativement modeste. Comptons-nous pour chanceux que le fléau ne soit pas plus étendu.

EST-CE QUE TOUT LE MONDE FRAUDE ?

Tous les Québécois ne fraudent pas délibérément et consciemment le fisc. Seulement, ils se comportent comme les Canadiens qui s'adonnent à la fraude fiscale dans une proportion d'un sur quatre[4]. Comme partout ailleurs, bon nombre de contribuables sont soucieux de respecter la loi dans la mesure où ils la connaissent. En effet, on ne peut reprocher à un individu de ne pas se conformer scrupuleusement à la législation fiscale, vu son ampleur et sa complexité. On ne peut lui reprocher, non plus, d'encourager la délinquance s'il ignore la portée réelle de son attitude et de son comportement. Il est, à notre avis, totalement déraisonnable d'invoquer le principe selon lequel nul ne doit ignorer la loi, dans un domaine où la complexité rend cette connaissance illusoire.

De plus, un certain nombre de Québécois estiment ne pas frauder l'impôt, parce qu'ils sont persuadés de leur bon droit ou parce qu'ils ne sont pas en situation de le faire. Presque 70 % de nos répondants estiment que moins de la moitié de la population fraude. Il demeure, tout de même, que 3 personnes sur 10 pensent que le fléau affecte plus

---

3. En particulier, celle de Bernard Fortin, Pierre Fréchette et Joëlle Noreau, « Premiers résultats de L'Enquête sur les incidences et les perceptions de la fiscalité dans la région de Québec : dimensions et caractéristiques des activités économiques non déclarées à l'impôt », dans *Cahier d'aménagement du territoire et de développement régional*, Québec, programme ATDR, Université Laval, mai 1987.

4. Voir, *Taxation*, 1990, Charles WHITE, « Avoiders and Evaders ».

de la moitié des contribuables. Du point de vue de la statistique, une telle proportion n'est pas négligeable, d'autant plus que, si on dit qu'une proportion de 20% constitue une pratique étendue, il se trouve alors 71,6% des personnes interrogées pour dire qu'un contribuable sur cinq ne respecte pas la loi de l'impôt. Selon notre modèle théorique et selon les faits exposés dans les chapitres précédents, la réponse à la question relative à l'étendue de la fraude n'est pas étonnante. Reste à savoir qui pense quoi sur le sujet.

QUESTION : **Quel pourcentage de Québécois fraudent l'impôt ?**

	N	%
Moins de 10%	50	4,9
Entre 10% et 20%	239	23,5
Entre 21% et 50%	418	41,1
50% et plus	310	30,5
Total	**1 017**	**100**

On peut d'ores et déjà soupçonner que dans la tête de chacun, c'est l'autre qui triche ; surtout s'il est riche ou, au contraire, bénéficie des programmes de soutien gouvernementaux. Quoi qu'il en soit, certains recoupements nous permettent de dire qu'il existe une très forte corrélation entre le niveau de scolarité et l'évaluation du taux de fraude fiscale dans la population. Ainsi, les gens qui ont une scolarité de niveau secondaire ou collégial ont une très forte propension à croire que le taux de fraude est supérieur à 50%. Ceux qui ont une instruction de niveau universitaire ont plutôt tendance à situer le taux de fraude à une hauteur variant de 20 à 40%. La corrélation entre le revenu du répondant et l'évaluation du taux de délinquance est encore plus significative. Par contre, les tendances sont sensiblement différentes. Trente pour cent des plus haut salariés, ceux dont les revenus sont de 60 000 $ et plus, estiment que plus de la moitié de la population s'adonne à la fraude fiscale. Il y a donc, dans ce cas, disparition du tandem revenu-éducation qui s'était, jusqu'ici, manifesté de façon régulière. Une explication plausible serait que les contribuables confondent leur comportement personnel avec le comportement de l'ensemble de la population. Compte tenu du fait que les occasions de fraude sont plus nombreuses pour ceux dont les revenus sont plus élevés, cette hypothèse nous semble tout à fait défendable. C'est une piste de recherche qui serait intéressante à explorer éventuellement

UN PHÉNOMÈNE CONJONCTUREL ET EN EXPANSION

La conjoncture économique, tout comme la situation financière personnelle du contribuable, jouerait un rôle non négligeable dans l'adoption d'un comportement fiscal délinquant, comme le prétendent les théories économiques de la fraude fiscale. Rappelons brièvement qu'en période de récession, les contribuables cherchent instinctivement à maintenir leur pouvoir d'achat, à défaut de pouvoir l'accroître, la fuite devant le fisc offrant ainsi une façon accessible et relativement efficace d'y parvenir.

Les récessions économiques et les divers problèmes sociaux qui les accompagnent abaissent le seuil de tolérance à l'égard de l'imposition. Les ressources se faisant plus rares, les individus et les entreprises deviennent plus sensibles à la tentation du délit fiscal. Dans ces périodes difficiles, il n'est pas rare que la part des impôts, dans l'ensemble des dépenses des individus, augmente au point où la majeure partie des augmentations salariales soit absorbée par le fisc. Dans une chronique de fin d'année[5], Michel Girard, du journal *La Presse*, exposait le fait que le revenu net des ménages canadiens et québécois, calculé en dollars constants, était inférieur en 1992 à ce qu'il était en 1978. Girard reconnaissait que ces chiffres tenaient uniquement compte des impôts directs. Dans la mesure où l'importance de l'évitement fiscal (légal et illégal) est directement proportionnel à l'alourdissement du fardeau d'imposition, cette hypothèse serait aussi à vérifier, et, dans la mesure où les conclusions de Girard sont justes, l'importance de la fraude fiscale au Québec aurait augmenté depuis 1978 et la théorie de Laffer[6] serait démontrée. C'est d'ailleurs ce que pensent les Québécois.

---

5. *La Presse*, Montréal, vendredi 30 décembre 1994, page C-3.

6. Lire à ce propos Arthur LAFFER, *L'Ellipse ou la loi des rendements décroissants*, Bruxelles, Institutum Europaeum, 1981. Laffer prétend que, passé un certain seuil, toute augmentation du taux de l'impôt entraîne un fléchissement dans les revenus tirés de cet impôt.

QUESTION : À votre avis, depuis 10 ans, ce pourcentage a-t-il...		
	N	%
Augmenté	720	72,6
Diminué	31	3,1
Est-il resté le même	157	15,8
N.S.P.	84	8,4
P.R.	25	–
Total	1 017	100

Le phénomène est en expansion depuis une dizaine d'années. C'est, de manière très claire, l'avis de la plupart des personnes interrogées. Peu (3,1 %) croient que cela a diminué. Une étude américaine publiée en 1984 est parvenue à des conclusions similaires. On pouvait y lire, rapporte Madelyn Hochstein :

> American taxpayers themselves sense that noncompliance is a growing problem. When asked directly about their perceptions of tax cheating, slightly more than one in two in our survey agreed that "it is becoming more common these days." They believed that, on average, two in five (40 percent) of their fellow taxpayers cheat deliberately at some level. Half of our taxpayers viewed the amounts involved to be insignificant – $ 100 or less on the average[7].

Les difficultés économiques des années 1980 et l'alourdissement de la taxation ayant été ressentis plus douloureusement que dans les années 1970, et les économies privées et publiques du Québec ayant été plus fragiles que celles de nos voisins du sud, il est logique que, toute proportion gardée, plus de Québécois pensent que la fraude a augmenté au cours des 10 dernières années. Cela dit, notre propre enquête a aussi révélé que près du quart des répondants affirment soit ne pas savoir, soit que la situation est demeurée stable. Cela est intéressant, si l'on considère que la question a largement été exposée par tous les médias, et ce, depuis quelques années déjà ; c'est le cas, notamment, de la contrebande de cigarettes. Encore une fois, ce sont les personnes qui ont une éducation de niveau collégial ou universitaire qui

---

7. Madelyn HOCHSTEIN, op.cit., 1985, p. 11.

affirment avec le plus d'insistance la progression du phénomène. Cela pose la question de l'information sur la fraude fiscale. Nous avons vérifié le niveau de connaissance des Québécois en matière d'actes frauduleux, et il est excellent.

LE QUÉBÉCOIS POSSÈDE UNE BONNE CONNAISSANCE DE CE QUI EST FRAUDULEUX

Nous avons proposé aux personnes interrogées cinq questions, toutes formulées de manière identique : « Selon vous, est-ce une fraude de... ? » En règle générale, les gens perçoivent très bien le caractère délinquant des comportements énumérés. Les réponses affirmatives n'ont jamais été inférieures à 74,2 % du total. Comme l'indique le tableau correspondant, c'est lorsqu'il est question de travail au noir que la certitude est la plus faible. En revanche, la dissimulation de revenus obtient la plus forte adhésion, soit 84,7 %. Cela dénote certainement que le travail au noir appartient, du moins dans l'esprit des gens, à une classe particulière de comportements qui seraient considérés comme plus acceptables. Nous verrons, d'ailleurs, quand nous examinerons plus à fond la question de l'économie souterraine, que la tolérance des Québécois semble s'y exercer plus facilement. Le niveau de certitude, en ce qui concerne l'abus des exemptions fiscales, ressemble quelque peu à celui du travail au noir. Les réponses affirmatives sont de l'ordre de 78,6 %. Selon toute évidence, pour les Québécois, il existe une échelle de gravité des comportements fiscaux délictueux, le pire étant la dissimulation de revenus, suivi, d'assez près tout de même, de la dissimulation de marchandises au passage des frontières.

Pour nous, cette hiérarchie des comportements signifie que les contribuables voient, derrière chacun de ces actes possibles, un message différent. Ainsi, la dissimulation de revenus constituerait un geste de défense contre l'oppression du fisc au sens où Peters, Neuer ou Martinez l'entendent. Par contre, le recours au travail au noir renvoie à des préoccupations économiques fondées sur le coût d'achat d'un service. Le nombre élevé de personnes ayant répondu « Ça dépend » à cette question va dans ce sens.

QUESTION: Selon vous, est-ce une fraude de...?

	Dissimuler des revenus	Travailler au noir	Abuser des exemptions	Faire la contrebande de cigarettes	Dissimuler des mar-chandises
Oui	854 (84,7)	751 (74,2)	798 (78,6)	810 (79,9)	823 (81,2)
Non	92 (9,1)	152 (15,0)	163 (16,0)	149 (14,7)	123 (12,2)
Ça dépend	62 (6,2)	110 (10,8)	39 (3,9)	43 (4,3)	55 (5,4)
N.S.P.	–	–	16 (1,6)	12 (1,2)	12 (1,2)
P.R.	9	4	1	3	4
Total	1 017 (100)	1 017 (100)	1 017 (100)	1 017 (100)	1 017 (100)

Dans le cas des autres comportements, le message nous semble un peu plus difficile à saisir. L'abus d'exemptions, par exemple, peut aussi bien relever du mouvement de résistance au fisc que du souci de conserver une plus grande part des ressources gagnées par le travail. Ce comportement, contrairement aux quatre autres, a une double origine. Il provient, d'abord, de la volonté des gouvernements de réduire le fardeau de certains contribuables et résulte, en second lieu, de l'impulsion naturelle des individus qui, devant une permission, sont tentés de l'étirer quelque peu.

La contrebande de cigarettes est à la fois un mouvement de mauvaise humeur et un geste économique. La signification de ce délit est aussi complexe que les fonctions de la taxation elle-même. La théorie fiscale moderne veut que les gouvernements utilisent celle-ci pour prélever des ressources pécuniaires, mais aussi pour soutenir le développement économique et influer sur le comportement des citoyens. Or, derrière la taxation des produits du tabac, on retrouve un lobby antitabagisme fort actif. Les gouvernements sont sensibles aux arguments de ce groupe de pression, notamment lorsqu'il est question des coûts des soins de santé. Il y a dans tout cela un côté moralisateur qui agace certaines personnes. Ces gens, des fumeurs bien sûr, se rebiffent contre cette morale publique à laquelle ils n'adhèrent pas, tout en voulant protéger le coût de leur consommation.

Enfin, la dissimulation de marchandises, qui n'est pas de la contrebande parce que ces biens ne sont pas prohibés, relève du jeu ; le contribuable sait que, s'il se fait attraper, la pénalité est tout à fait supportable. En résumé, nous sommes convaincus que les Québécois sont très conscients du caractère illégal de certains gestes, tout comme ils semblent leur accorder, dans certains cas, une signification particulière.

La tentation de frauder

Malgré un climat favorable à une telle attitude (mauvaise conjoncture économique, haut taux d'imposition, fort niveau d'insatisfaction), les répondants se sont montrés plutôt réticents à emprunter la voie de la délinquance fiscale, et ce n'est pas faute d'avoir tenté d'insinuer le caractère anodin du geste. Par exemple, nous leur avons proposé : « Si tout le monde fraude, on peut le faire. » Ils ont refusé cette proposition dans une proportion de 72 %.

PROPOSITION : Si tout le monde fraude, on peut le faire.

	N	%
Complètement d'accord	116	11,5
D'accord	157	15,5
En désaccord	384	37,9
Complètement en désaccord	346	34,1
N.S.P.	11	1,1
P.R.	3	–
Total	1 017	100

Des malins pourraient nous faire remarquer, cependant, que 27 % des personnes interrogées sont d'accord avec la permissivité qui se dégage d'un comportement généralisé. C'est un fait. Nous préférons, pour notre part, continuer à croire que la fraude fiscale n'est pas encore devenue un geste banal. De plus, comme nous tenons à notre thèse du message fiscal (le vote fiscal), un comportement généralisé et coutumier perdrait toute signification et anéantirait du coup notre construction théorique.

D'un autre côté, les Québécois sont convaincus, dans une proportion de 74,1 %, qu'on peut utiliser diverses façons de payer moins d'impôt (ce que stipulait, d'ailleurs, la règle d'économie rédigée par Adam Smith dans son ouvrage intitulé *Essai sur la richesse des nations* et rédigé en 1776). Par contre, ils disent généralement ne pas avoir ou ne pas connaître de moyens de payer moins d'impôt (67,3 %). Ceux, toutefois, qui connaissent des moyens de réduire leur fardeau fiscal, n'hésitent pas à dire qu'ils sont tout à fait légaux (97,6 %) et tout à fait acceptables sur le plan de la morale (98,4 %). Qui plus est, ils ne se sont jamais sentis coupables de les employer (94,4 %). Qu'en conclure ? Une grande rectitude morale de la part de nos concitoyens qui vont innocents et l'âme en paix ? Pas aussi certain qu'il y paraît. Tartarin ou Tartuffe, faites votre choix.

L'occasion fait le larron

Les incitations à la fraude sont nombreuses. Les difficultés économiques, la lourdeur du fardeau fiscal, la mauvaise gestion des gouvernements, les injustices, les iniquités de la politique fiscale sont autant de motifs que peuvent invoquer les contribuables pour se permettre une petite ou une grosse entorse à la bonne conduite fiscale. Il semblerait cependant, à première vue, que peu de ces entorses soient vraiment justifiables, et surtout pas l'imitation. Si tout le monde fraude, ce n'est pas une raison pour que je le fasse, comme viennent tout juste de nous le dire 72 % des Québécois interrogés. Par contre, plus de la moitié des Québécois sont prêts à travailler au noir comme l'indiquent les réponses à cette question précise de notre sondage. Bon nombre de répondants, soit exactement 46,7 %, ont avoué avoir recours beaucoup, assez ou un peu au travail au noir.

QUESTION:	Accepteriez-vous de travailler au noir ?	
	N	%
Oui	402	39,9
Non	481	47,8
Peut-être	113	11,3
N.S.P.	10	1,0
P.R.	10	–
Total	**1 017**	**100**

Nous disons, face à ces chiffres, au risque de chatouiller l'épiderme trop sensible de certains, que l'occasion fait le larron. Autrement dit : je ne cours pas après, mais si cela se présente... C'est d'ailleurs ce que l'étude britannique de Dean, Keenan et Kenney[8] a démontré. En vérifiant le niveau de propension à la fraude, ces chercheurs ont en effet constaté que deux contribuables sur trois étaient prêts à dissimuler une petite partie de leur revenu au fisc s'ils avaient une forte assurance de ne pas se faire prendre. Dans le cas d'une part plus substantielle de revenus, cette proportion se réduit à 38,7 %. Cependant, un contribuable sur quatre consentait à prendre le risque dans le cas d'une très grosse part du revenu. On voit clairement que la propension à la fraude, sur une petite ou une grande échelle, est bien présente chez les Britanniques.

On est doublement convaincu de cela quand, à une question préalable sur les occasions offertes de frauder en toute quiétude, ces mêmes répondants croyaient que bien peu d'entre elles se présentaient à eux. De plus, la fréquence des occasions offertes diminue, selon leurs dires, avec l'importance des sommes d'argent en jeu. Pour couronner le tout, les chercheurs ont rapporté que 42,3 % de leur échantillon estimait qu'une petite fraude était soit bonne (4,3 %), soit ni bonne ni mauvaise (39,9 %). Nous n'avons pas soumis nos répondants à des questions aussi précises et directes, mais les réponses à nos questions permettent d'établir des rapprochements avec les opinions des répondants britanniques.

---

8. Peter DEAN, Tony KEENAN et Fiona KENNEY, « Taxpayers' Attitudes to Income Tax Evasion : An Empirical Study », dans *British Tax Review*, p. 38 à 41.

Cependant, comme il est possible que l'économie non déclarée et la fraude fiscale soient deux choses différentes pour bon nombre d'individus, nous faisons cette affirmation sous toute réserve.

Si l'occasion fait le larron, comme nous venons de le voir, il semble tout aussi juste d'affirmer que la légèreté relative des sanctions ne constitue pas, loin de là, un élément dissuasif. C'est du moins ainsi que nous interprétons le fait que 62,7 % des Québécois interrogés se déclarent d'accord ou complètement d'accord avec l'affirmation que les amendes prévues pour les cas de fraude ne sont pas assez sévères. Cette proportion est étonnante, dans les circonstances, étant donné que nous n'avions fourni aucun indice à cet égard. En fait, les répondants nous ont livré leurs propres impressions, puisque les sanctions sont relativement sévères compte tenu de la gravité des offenses. Le taux élevé (20 %) de personnes qui ont dit ne pas savoir que répondre le confirme. C'est donc dire que ce type de réponses dénote une propension réelle à frauder.

Bref, on prône une grande morale fiscale, on est conscient du caractère illicite de certains gestes, mais, le cas échéant, on est disposé à faire certaines entorses au code de bonne conduite.

QUELLE RAISON INVOQUER ?

Notre enquête a révélé que 44,8 % des répondants estiment que les gens qui fraudent le fisc le font pour avoir plus d'argent. Un tel pourcentage confirme très clairement l'importance des motifs économiques dans la décision de frauder le fisc. Ce n'est pas une surprise et c'est conforme à la thèse voulant que la conjoncture économique joue un rôle dans la progression ou la régression des comportements frauduleux.

En revanche, 23,5 % ont le sentiment que les déliquants sont en désaccord avec les gouvernements, et une proportion similaire (23,1 %) pensent que les fraudeurs n'ont pas le choix. Cette distribution se révèle, du moins à première vue, défavorable à l'hypothèse du vote fiscal, et on pourrait croire que les économistes ont raison : les contribuables fraudent le fisc pour conserver une plus grande part de leurs ressources pécuniaires. Cependant, le libellé «pour avoir plus d'argent» peut signifier aussi, comme l'enquête auprès des Britanniques l'a effectivement démontré, que le niveau des impôts est trop élevé. Souvenons-nous que le sentiment de la majorité des contribuables est que le coût des services publics est trop élevé par rapport à l'aide, aux services et aux soins qu'ils reçoivent.

QUESTION :   **Diriez-vous que les gens qui fraudent l'impôt le font...**

	N	%
Pour plus d'argent	451	44,8
Par désaccord avec le gouvernement	236	23,5
Parce qu'ils n'ont pas le choix	232	23,1
Autre	43	4,3
N.S.P.	44	4,3
P.R.	11	–
Total	**1 017**	**100**

Lorsqu'ils affirment, par ailleurs, que les gens fraudent parce qu'ils n'ont pas le choix, c'est encore une raison qui relève davantage de la protestation que du calcul strictement économique. D'ailleurs, lorsque nous avons demandé aux personnes interrogées si elles pensaient que la fraude fiscale et la progression du phénomène étaient imputables aux gouvernements, elles ont répondu, dans une proportion de 8 sur 10, que les gouvernements sont assez ou très responsables de la situation. Bref, si on pense que le phénomène de la fraude fiscale est dû à l'action des pouvoirs publics, d'une part, et que, d'autre part, la performance de ces mêmes pouvoirs publics est jugée sévèrement, il devient difficile d'ignorer le volet contestation des comportements frauduleux. Cela, en somme, donne une assise à l'hypothèse du vote fiscal.

«Pour avoir plus d'argent» est le motif le plus fréquemment invoqué par les répondants de notre enquête, c'est un fait. Derrière cette raison se cache, comme nous venons de le dire, une protestation à l'égard du niveau général des impôts, perçu comme étant trop élevé.

QUESTION :   **Pensez-vous que les gouvernements sont...**

	N	%
Très responsables	444	43,9
Assez responsables	368	36,4
Peu responsables	120	11,9
Pas du tout responsables	52	5,2
N.S.P.	26	2,6
P.R.	7	–
Total	1 017	100

On constate, par un examen un peu plus poussé, que cette affirmation prend plus de poids au fur et à mesure que progressent le niveau de scolarité et le revenu annuel des gens. Ces deux variables sont liées, comme nous l'avons déjà dit. Cela signifie, par conséquent, que le taux d'impôt de ces gens est généralement plus élevé. De plus, on peut raisonnablement supposer que ces mêmes contribuables sont majoritaires parmi ceux qui affirment verser plus d'argent aux gouvernements qu'ils n'en reçoivent sous forme de services.

On peut aussi supposer que, le phénomène d'aliénation diminuant avec la scolarité et le revenu, ces mêmes personnes ont moins besoin de la fiscalité comme moyen d'expression politique. Si nous regardons de plus près la corrélation entre le motif de fraude et le niveau de scolarité, nous observons, bien sûr, que les individus dont la scolarité atteint ou dépasse 16 ans affirment, dans une proportion légèrement supérieure à 50 % que les contribuables fraudent pour avoir plus d'argent. Cette proportion tombe sous les 40 % chez les 8 à 12 ans de scolarité et chute à 30,2 % chez les moins scolarisés. La distribution s'inverse lorsqu'on passe à la réponse « Parce qu'ils n'ont pas le choix ».

Les résultats révèlent, d'autre part, que dans le cas de la première réponse, les plus scolarisés forment le contingent le plus nombreux. Dans le cas des deuxième et troisième réponses, ce sont les individus ayant une scolarité de niveau secondaire qui sont en nombre supérieur. On peut voir là un effet d'aliénation, étant donné que, dans la conjoncture actuelle, les plus démunis (qui sont souvent les moins scolarisés) constituent l'un des chevaux de bataille d'à peu près tous les groupes de pression. C'est donc le gagne-petit qui aurait tendance à penser que la fraude est la manifestation d'un sentiment d'impuissance.

Le phénomène ne se répète pas de manière aussi explicite dans une corrélation au moyen du revenu annuel. Les gens qui se situent dans les catégories de revenus de 40 000 $ et plus penchent davantage vers le motif pécuniaire. Par contre, ils ne sont pas les plus nombreux à opter pour cette réponse : ils cèdent le pas aux individus dont le revenu se situe entre 20 000 $ et 29 000 $. Les plus faibles revenus, quant à eux, constituent la majorité des répondants ayant choisi les deuxième et troisième réponses. Bref, le phénomène d'aliénation semble influencer le choix de réponse, mais de façon moins marquée que dans le cas d'une corrélation avec la variable du niveau de scolarité.

On observe des différences significatives suivant les catégories d'âge. Les répondants dont l'âge varie entre 25 et 34 ans affirment majoritairement, à 54 % que les motifs pécuniaires sont à la base des fraudes fiscales. À l'opposé, les personnes de 65 ans et plus estiment davantage que les citoyens n'ont pas d'autre alternative que de frauder le fisc. Dans toutes les autres catégories d'âge, soit tous les répondants entre 25 et 64 ans, l'appât du gain est au premier rang, avant le désir de frauder l'impôt et le désaccord à l'endroit du gouvernement.

Les personnes dont la pratique religieuse est la moins constante optent plus ouvertement pour le gain monétaire, contrairement à ceux dont la pratique est plus soutenue. C'est d'ailleurs parmi les plus fervents que le motif du désaccord avec le gouvernement est le plus souvent invoqué.

Cela dit, la source première de la fraude fiscale ne réside pas, comme nous incite à le penser le discours actuel, dans la pression fiscale, autrement dit dans le niveau d'imposition, mais dans la société elle-même.

Les véritables motifs qui se profilent derrière la délinquance fiscale ne sont pas toujours évidents à première vue. Les personnes s'expriment parfois plus facilement par des allusions ou par des jugements sur des objets ou des actes par lesquels ils ne se sentent pas directement concernés. Ainsi, si on établit un rapport entre la progression du phénomène dans l'ensemble de la société depuis une décennie et la légitimité du recours à l'une ou l'autre façon de payer moins d'impôt, on constate une relation directe. Ceux qui pensent que la fraude a augmenté sont portés à approuver l'utilisation de ce moyen pour réduire le fardeau fiscal. C'est encore plus vrai chez ceux qui croient que le phénomène a ralenti. Mais là où le lien le plus fort s'observe, c'est chez ceux qui pensent que le niveau de délinquance fiscale n'a pas bougé au cours des 10 dernières années. En somme, s'il y a eu augmentation de la fraude, c'est en partie parce que les contribuables estiment qu'il est juste de saisir l'occasion qui se présente. On pourrait nous reprocher d'associer ici un objet légal et un objet illégal, et c'est en effet ce que nous faisons. Nous estimons que la frontière entre les deux est parfois si ténue que les répondants peuvent très facilement les confondre.

Toujours par rapport à l'importance du phénomène au cours de la dernière décennie, ceux qui disent qu'il a augmenté et ceux qui croient plutôt à une certaine stabilité affirment dans des proportions similaires, que les lois sont davantage au service des riches. Les Québécois qui affirment que la fraude a ralenti appuient encore plus fortement cet énoncé. On observe le même phénomène dans une corrélation avec le degré de responsabilité des gouvernements (responsabilité à l'égard de la fraude fiscale). Par contre, lorsqu'il est question de l'utilité des lois, les répondants à tendance optimiste ont une propension plus marquée à souligner le caractère parfois nuisible des lois adoptées. Il y a donc, dans les réponses à l'enquête, des recoupements qui nous forcent à une saine incrédulité.

LES CONSÉQUENCES DE L'ÉVASION ET DE LA FRAUDE

Outre le fait qu'elles révèlent un contexte économique et social plutôt moche, l'évasion et la fraude ont des conséquences tangibles : la perte de revenus fiscaux et le déséquilibre de la distribution du fardeau des impôts, telle qu'elle est prévue par les objectifs de la politique fiscale. Pour recueillir le montant de revenus dont il a besoin, l'État est contraint, à cause des contribuables délinquants, d'effectuer une pression fiscale accrue sur les contribuables qui paient. Le refus de payer l'impôt réclamé lèse donc le contribuable respectueux de son devoir fiscal et nie, du même coup, les principes de justice et d'équité invoqués pour justifier l'impôt. Qui plus est, cette pratique modifie, à l'insu de l'autorité gouvernementale, la nature de la politique fiscale et diminue la qualité des résultats de cette politique.

PROPOSITION : Si certaines personnes ne fraudaient pas l'impôt, on paierait tous moins d'impôt.

	N	%
Comp. d'accord	508	50,0
D'accord	338	33,2
En désaccord	106	10,4
Comp. en désaccord	47	4,7
N.S.P.	16	1,6
P.R.	2	–
Total	**1 017**	**100**

Nous avons donc, comme le lecteur pouvait s'y attendre, posé la question des conséquences de la fraude fiscale. Comme l'indique le tableau des réponses, une nette majorité de gens estiment que la fraude alourdit le fardeau fiscal de tout le monde. Quant à savoir si cette pratique profite à ceux qui s'y adonnent, la réponse est encore oui, du moins dans la tête des personnes interrogées.

PROPOSITION : Les riches sont devenus riches en contournant les impôts.

	N	%
Comp. d'accord	335	33,1
D'accord	281	27,8
En désaccord	292	28,9
Comp. en désaccord	79	7,8
N.S.P.	25	2,5
P.R.	5	–
Total	**1 017**	**100**

Les réactions à l'énoncé voulant que les riches le soient devenus en contournant l' impôt nous incitent à penser que les Québécois persistent, encore aujourd'hui, à associer enrichissement et activités troubles. On pense encore que la richesse acquise ne l'a pas été de manière tout à fait légale ou, à tout le moins, légitime. Il y a là un vieux fond d'aliénation sociale et économique qui ne se dément pas. Cependant, près de 40 % des personnes rejettent fortement ou très fortement cette façon de voir.

En réalité, il est douteux que beaucoup de contribuables puissent véritablement s'enrichir en jouant avec les lois fiscales. Cela relève davantage du mythe que de la réalité, bien que nous ne possédions pas de données pour le prouver. Quoi qu'il en soit, ce mythe, encore solidement ancré dans la croyance populaire, laisse peu de doutes quant à l'effet de l'aliénation économique et sociale sur la propension à frauder le fisc. C'est une hypothèse qui mérite qu'on y consacre éventuellement une étude particulière. Entretemps, essayons de voir quelles sont les réalités du fardeau fiscal des Québécois afin de tirer les conclusions qui s'imposent, au terme de notre enquête.

L'ILLUSION FISCALE DES QUÉBÉCOIS

Jusqu'au début des années 1980, alors que l'État était perçu comme un outil déterminant du développement social et économique, la grande majorité des citoyens du Québec avaient le sentiment que leurs gouvernements leur donnaient plus de services, sur les plans tant individuel que collectif, et qu'ils contribuaient de manière équitable au financement des programmes publics. Avec la mise en doute de l'État providence et l'érosion des capacités budgétaires, les citoyens sont devenus plus critiques vis-à-vis du rôle de l'État. En tant que contribuables, ils commencèrent à soupçonner que les services demeuraient au même niveau ou diminuaient, même si leur niveau de taxation continuait d'augmenter. De plus, la privatisation de certains services publics a eu pour conséquence que les citoyens se sont sentis doublement imposés, devant, en plus du paiement de leurs taxes, défrayer les coûts de plusieurs services (laboratoires, médicaments, etc.) auparavant offerts gratuitement. Cette double imposition fut particulièrement ressentie dans les secteurs de la santé, des services sociaux et de l'enseignement postsecondaire, trois secteurs qui accaparent, tant au Québec que dans les autres provinces canadiennes, la partie la plus importante des dépenses de l'État.

Il faut noter que les gouvernements qui se sont succédé au cours des années 1980 au Québec et au Canada, ont cherché à utiliser de plus en plus la fiscalité comme outil de développement social, afin de s'assurer que tous et chacun puissent au moins jouir des sommes d'argent nécessaires pour avoir un revenu minimum garanti. L'harmonisation des programmes sociaux et la remise en cause de l'universalité de certains d'entre eux, comme les allocations familiales, avaient pour objectif de s'assurer que l'argent versé aille vraiment dans les poches des plus démunis. Le revenu annuel imposable des individus et des familles est devenu, en quelque sorte, l'étalon à partir duquel l'État évalue sa contribution au revenu de chaque catégorie de citoyens.

L'État utilise donc de moins en moins les transferts aux individus et aux familles pour répondre aux difficultés économiques ponctuelles, ce qui a pour conséquence directe un accroissement de la pauvreté, puisque les gouvernements n'avaient plus en main les outils nécessaires pour répondre rapidement aux aléas d'une situation économique désastreuse. L'histoire et le développement des États industrialisés nous enseignent que la crise financière actuelle n'est pas un phénomène isolé, puisque, à nombre d'occasions, le rôle de l'État a été remis en cause, ce qui mettait en danger la survie même de plusieurs programmes sociaux. Mais le déséquilibre des finances publiques et la réduction des programmes gouvernementaux ont placé les citoyens dans une situation où ils ont le sentiment d'être de plus en plus laissés à eux-mêmes et qu'il leur appartient à eux seuls d'améliorer leur situation économique.

L'élection de Ronald Reagan à la présidence des États-Unis, en 1980, a sonné une charge sans précédent contre ceux qu'on a voulu voir comme des « abuseurs du système ». Les assistés sociaux, les personnes âgées, les étudiants et étudiantes, et les bas salariés sont devenus les cibles des politiques restrictives de l'État, alors que souvent ceux qui avaient véritablement profité de la croissance de l'État providence continuaient à s'enrichir. Le discours reaganien a été adopté au Canada comme au Québec, même si certains ont voulu mener des campagnes énergiques contre, par exemple, des mesures telles que les frais modérateurs en santé et en éducation et la diminution des transferts aux individus et aux familles.

C'est dans ce contexte des années 1980 que s'est implantée une certaine illusion fiscale, les citoyens ayant de plus en plus l'impression de payer davantage qu'ils ne reçoivent en services. Les Québécois ont souvent eu, par le passé, le sentiment que, même s'ils payaient plus de

taxes que les citoyens des autres provinces canadiennes, toute comparaison étant toujours un peu difficile à établir, ils recevaient en retour
plus de biens et de services publics. Mais au fil des ans, la remise en
cause du rôle de l'État dans l'économie, qui s'est accompagnée,
disons-le, d'une pensée plus individualiste où il appartient davantage à
chaque personne de décider des services et des biens qu'elle veut
consommer, a amené les citoyens à réévaluer leur contribution fiscale
à l'État en proportion de la quantité et de la qualité des services reçus.

Nous avons voulu vérifier si l'illusion fiscale des Québécois pouvait
être fondée. Dans notre enquête, nous leur avions posé la question
suivante : « Selon vous, est-ce que nous payons au Québec plus d'impôt,
autant d'impôt ou moins d'impôt que... », et la question établissait la
comparaison avec les Américains, les Ontariens, les Allemands, les
Japonais et les Suédois. La réponse s'est avérée étonnante, d'abord par
le taux élevé d'ignorance envers l'imposition dans les autres pays, ensuite
parce qu'elle a mis en évidence la grande difficulté à apprécier à sa juste
valeur le fardeau fiscal.

QUESTION :   Selon vous, comparativement aux... payons-nous... ?

	Américains	Ontariens	Allemands	Japonais	Suédois
Plus	757 (74,8)	553 (54,7)	221 (22,3)	219 (22,1)	178 (18,0)
Autant	106 (10,5)	238 (23,6)	62 (6,2)	42 (4,2)	58 (5,9)
Moins	58 (5,7)	91 (9,0)	130 (13,1)	138 (13,9)	237 (23,9)
N.S.P.	92 (9,1)	129 (12,7)	580 (58,4)	591 (59,7)	519 (52,3)
P.R.	4	6	24	26	25
Total	1 017 (100)	1 017 (100)	1 017 (100)	1 017 (100)	1 017 (100)

On constate, à la lecture du tableau de la distribution des réponses,
qu'il y a, pour chaque comparaison, un taux d'ignorance et de non-
réponse jamais inférieur à 9 % et que, dans trois cas sur cinq, ce taux

grimpe au-delà de 50 % et à tout près de 60 % dans la comparaison avec les Japonais. En second lieu, c'est uniquement chez les Suédois que les Québécois croient percevoir un fardeau fiscal plus élevé. Partout ailleurs, le fardeau des impôts serait plus léger que celui supporté au Canada et au Québec. Bref, les Québécois seraient parmi les plus taxés du monde industrialisé.

LA MESURE DE L'ILLUSION FISCALE

Année après année, la très vénérable Canadian Tax Foundation nous rappelle que ce sont les Québécois qui payent le plus de taxes au Canada, les Albertains étant les moins taxés. De plus, depuis l'élection du premier gouvernement conservateur de Brian Mulroney, en 1984, les provinces ont connu une croissance plus rapide de leur niveau de taxation que le gouvernement fédéral. En 1993, l'ensemble des taxes payées par les Québécois, incluant les taxes fédérales, provinciales et municipales, représentaient 39,3 % du produit intérieur brut (PIB) ; pour les Ontariens, cette proportion était de 38,4 %. En Alberta, la taxation n'était que de 30,4 % du PIB. En revanche, le Québec a connu la plus faible augmentation de la taxation de toutes les provinces canadiennes en 1993. Soulignons toutefois que la comparaison interprovinciale demeure relative, ne tenant pas compte des transferts gouvernementaux aux citoyens et du coût relatif de la vie dans chaque province. Sur ce point, les personnes interrogées ont vu juste.

Par contre, dans l'ensemble des nations industrialisées, les Canadiens et les Québécois ne sont pas les citoyens les plus taxés. Les contribuables canadiens versent 36,8 % du PIB en impôts et en taxes de toutes sortes, ce qui nous place bien en deçà des pays scandinaves. En Suède, par exemple, le fardeau fiscal représente 52 % du PIB. Nous sommes légèrement plus taxés que les Américains, dont le fardeau atteint à peine 30 % de leur PIB. Cependant, comme tous les observateurs le soulignent régulièrement, la comparaison avec les États-Unis demeure erratique, du fait, par exemple, qu'il n'y a pas, au pays de l'Oncle Sam, de programme de santé entièrement financé par les pouvoirs publics, ce qui ajouterait, bien sûr, un fardeau supplémentaire sur les épaules du contribuable. Pour être valide, la comparaison devrait établir le coût réel des soins de santé pour chaque Américain. En fait, la santé coûtait aux Américains un tiers de plus qu'aux Canadiens, soit quelque 1 926 $US par habitant aux États-Unis, contre 1 370 $US, ici[1].

L'analyse comparée entre les États américains ou les provinces canadiennes soulève les mêmes difficultés, bien qu'à un moindre niveau, puisqu'il s'agit essentiellement de comparer des entités politiques à l'intérieur d'un même système de gouvernement. Dans une étude visant à mesurer la croissance des dépenses publiques des gouvernements locaux et des États, Thomas R. Dye a tenté de vérifier l'hypothèse selon laquelle la demande de certains biens publics augmente plus rapidement que la demande de biens privés dans la mesure où le revenu personnel augmente. S'il y a diminution des revenus individuels, il y aura décroissance des dépenses gouvernementales[2]. À ce phénomène s'ajoute, semble-t-il, la pression supplémentaire liée à la réduction des transferts du gouvernement fédéral vers les États.

L'une des variables utilisées par Dye était justement l'illusion fiscale. On la mesurait par le rapport entre l'impôt sur le revenu des particuliers et les revenus totaux des États américains. Mais Dye insistait sur un point important, à savoir que la structure du système de taxation entre les gouvernements des États et les gouvernements locaux joue un rôle important sur la croissance des dépenses de ces deux ordres de gouvernement[3]. Comme l'a aussi souligné James C. Garand, «un système de taxation qui met l'accent sur des taxes cachées fait en sorte que les citoyens ont généralement tendance à sous-estimer le coût des biens et services gouvernementaux et à en accroître la demande[4]». Comme l'impôt sur le revenu constitue la principale source de revenus

---

1. Guy LACHAPELLE, « La priorité de Clinton : le système de santé », *Relations*, juillet-août 1993, p. 173-175. Anastasia TOUFEXIS, « Call for Radical Surgery », *Time*, 7 mai 1990, p. 68.

2. Thomas R. DYE, 1990, « State vs. Local Public Sector Growth : A Comparison of Determinant Models », *Policy Studies Journal* vol. 18, n° 3 (printemps), p. 645-657. James C. GARAND, 1988, « Explaining Government Growth in the United States », *American Political Science Review* vol. 82, p. 837-848.

3. Charles GOETZ, 1977, « Fiscal Illusion in State and Local Finance », dans Thomas E. Borchering (dir.), *Budgets and Bureaucrats : The Sources of Government Growth*, Durham (N.C.), Duke University Press.

4. James C. GARAND, 1988, « Explaining Government Growth in the United States », *op.cit.*, p. 839.

tant des États américains que des provinces canadiennes, l'illusion fiscale est plus prononcée qu'au niveau des municipalités, où les taxes foncières et scolaires sont facilement mesurables. C'est pourquoi Dye a observé que ce facteur expliquait davantage la croissance des dépenses des États que de celles des gouvernements locaux. L'illusion fiscale est donc, de prime abord, fonction du type de taxation employé par les gouvernements.

Les analyses comparatives entre les diverses provinces canadiennes ne sont pas légion et, pour bien saisir l'ampleur de l'illusion fiscale chez les Québécois et les Canadiens, il importe de bien comprendre les particularités de la taxation dans chacune des provinces[5]. Le financement des activités gouvernementales s'appuie principalement sur les taxes et impôts, mais il ne faut pas non plus sous-estimer l'importance des transferts fédéraux vers les provinces, ainsi que les revenus d'investissement des gouvernements (ex. : le Heritage Fund en Alberta).

Toutefois, si la taxation reste de loin la principale source de revenus, elle suscite de manière générale beaucoup d'appréhension de la part des citoyens. Pour certains économistes, une trop forte taxation peut avoir des effets négatifs, puisqu'elle freine les investissements privés, encourage les marchés illicites et nuit au développement des entreprises. Elle peut par conséquent avoir une incidence directe sur le marché de l'emploi et favoriser la dépendance des citoyens vis-à-vis de l'État. Les gouvernements utilisent cependant divers instruments, comme les subventions aux entreprises, et assument une partie des coûts de la formation de la main-d'œuvre et de la sécurité du revenu, pour prévenir les effets négatifs de la taxation. L'un des rôles de l'État est d'assurer la formation et la disponibilité d'une main-d'œuvre qualifiée.

Dans le cas des dépenses des gouvernements provinciaux, les citoyens constatent qu'une partie importante de leurs revenus annuels se retrouvent à la fin de chaque année dans les coffres de l'État, sans pouvoir vraiment évaluer si ce dernier utilise judicieusement cet argent.

---

5. Louis-M. IMBEAU et Guy LACHAPELLE, « Les déterminants des politiques provinciales au Canada : une synthèse des études comparatives », *Revue québécoise de science politique*, n° 23, hiver 1993, p. 107-141. Jean CRÊTE, Louis-M. IMBEAU et Guy LACHAPELLE, *Politiques provinciales comparées*, Québec, Presses de l'Université Laval, 1994.

Comme les services reçus ne sont pas dispensés selon le concept de l'utilisateur-payeur, les citoyens ont la forte impression de payer beaucoup plus qu'ils ne reçoivent. Bien sûr, l'État est devenu tentaculaire et une bonne partie de ses revenus servent à rémunérer nos élus ainsi que les travailleurs œuvrant dans les organismes publics et parapublics. Malgré tout, la plus grande partie des dépenses des gouvernements reviennent aux citoyens sous forme de services, de programmes ou de transferts aux familles et aux personnes.

Mais cette gymnastique demeure difficile à cerner pour l'honnête citoyen. De manière générale, les Québécois sont probablement moins pointilleux que les Canadiens ou les Américains quant à leur portefeuille, bien que leur niveau de taxation, surtout après un petit voyage aux États-Unis, leur paraît toujours insoutenable. Ce type de jugement ou d'opinion demeure relatif, en fonction des biens que l'on achète mais surtout en fonction de la ville, de la région, de l'État ou de la province que l'on habite. Comme les systèmes de valeurs ne sont pas les mêmes partout et que l'attitude des citoyens à l'égard de leurs gouvernements fluctue autant que le niveau de taxation, il est essentiel, pour rendre toute comparaison valide, de s'éloigner de ces comparaisons subjectives, pour évaluer le plus objectivement possible le véritable fardeau fiscal des individus.

LA MÉTHODE DE MESURE DU FARDEAU FISCAL

Comme nous l'avons insinué précédemment, le gouvernement du Québec est loin d'avoir des politiques aussi interventionnistes que bien des pays européens. Toutefois, les Québécois sont ceux qui payent le plus de taxes, si l'on ne tient pas compte de tous les transferts, services et autres bénéfices qu'ils reçoivent de leur gouvernement. Pour s'y retrouver, dans ces apparentes contradictions, il devient impératif d'avoir une mesure précise du fardeau fiscal réel des contribuables québécois.

Le premier élément à déterminer, pour ce faire, est le revenu de base des individus. Vermaeten, Gillespie et Vermaeten utilisent à la fois les revenus des citoyens avant impôt (excluant les transferts aux particuliers) et les revenus globaux (incluant les transferts). Ces deux mesures comprennent des estimations de divers suppléments aux revenus, tels les gains en capital, les revenus de pension et de fonds de pension, les legs et les dons[6].

Ruggeri, Van Wart et Howard utilisent quant à eux l'ensemble des revenus après impôt. Ils ajustent le montant de l'impôt indirect dont le fardeau est transféré aux consommateurs afin de refléter l'indexation des transferts des gouvernements aux personnes suivant l'indice des prix à la consommation. Le transfert de la taxe indirecte aux consommateurs agit ici comme un transfert négatif du gouvernement fédéral. Ces sommes incluent la valeur des services offerts par les divers paliers de gouvernement aux particuliers et aux entreprises[7].

Kesselman, de son côté, inclut les charges salariales et autres impôts sur la masse salariale[8]. Perry ne compte que la rémunération salariale, excluant les services et assurances fournis par l'employeur, ainsi que les transferts et services du secteur public. La comparaison s'appuie sur les taxes payées, et non pas sur les bénéfices reçus[9].

Les études de Vermaeten *et al.* et de Ruggeri *et al.* tiennent également compte, suivant des scénarios progressifs ou régressifs, de l'ampleur des transferts versés par les entreprises aux consommateurs et par les propriétaires aux locataires. Vermaeten *et al.* utilisent pour leur part, comme base de comparaison, la famille plutôt que l'individu en recourant à la base de données de simulation de politiques sociales développée par Statistique Canada. Kesselman, Ruggeri *et al.* et Vermaeten ajoutent les entreprises à leurs modèles. Quant à Perry, il compare deux catégories de contribuables : la personne célibataire et la personne mariée avec un conjoint à charge et deux enfants. Mais, pour bien mesurer le fardeau fiscal de tous et chacun, il faudrait construire une banque de données qui inclurait tous les bénéfices monétaires ou sociaux reçus

---

6. Frank VERMAETEN, W.I. GILLESPIE et Arndt VERMAETEN, 1994, « Tax Incidence in Canada », *Canadian Tax Journal*, vol. 42, n⁰ 4, p. 348.

7. G.C. RUGGERI, D. VAN WART et R. HOWARD, 1994, « The Redistributional Impact of Taxation in Canada », *Canadian Tax Journal*, vol. 42, n⁰ 2, p. 417.

8. Jonathan R. KESSELMAN, 1994, « Canadian Provincial Payroll Taxation : A Structural and Policy Analysis », *Canadian Tax Journal*, vol. 42, n⁰ 1, p. 150.

9. David B. PERRY, 1994, « Fiscal Figures : Individual Tax Burden in the OECD Nations », *Canadian Tax Journal*, vol. 42, n⁰ 1, p. 288.

par les individus et tous les désavantages et pertes subis afin de bénéficier des programmes publics.

LE FARDEAU FISCAL

Il n'existe donc pas de définition universelle du fardeau fiscal. Nous avons par conséquent choisi de comparer uniquement le fardeau fiscal des particuliers de chacune des provinces, pour ne considérer que les montants clairement identifiés dans les banques de données. Les taxes indirectes et la valeur des services offerts par les administrations publiques aux individus ne seront pas prises en compte. Les trois ordres de gouvernement (fédéral, provincial et municipal) ne seront pas désagrégés, afin de mieux évaluer le fardeau fiscal réel des citoyens du Québec et de chacune des provinces[10]. Enfin, nous avons calculé les transferts reçus par les particuliers.

LA COMPARAISON ENTRE LES PROVINCES

Une première façon d'évaluer l'évolution du fardeau fiscal dans les provinces canadiennes est le recours à certaines statistiques descriptives, comme la moyenne, l'écart type et l'indice de dispersion de Shoyama[11]. Le niveau moyen des impôts nets payés par les contribuables a suivi une tendance à la hausse depuis 1961. Les impôts par habitant ont doublé entre 1961 et 1966, pour ensuite augmenter à un rythme moins effréné. Après la période 1966 à 1971, le ralentissement fut par la suite encore plus évident, alors que la hausse n'est que d'environ 10% par période quinquennale. L'écart entre les niveaux de taxation par personne de chaque province fluctue de façon particulière pour la période 1961-1966, puisque la moyenne augmente substantiellement et que l'écart type diminue de près du tiers; on observe la diminution la plus

---

10. Les revenus et dépenses utilisés seront les montants consolidés tirés des comptes nationaux de la base de données de CANSIM.

11. T.K. SHOYAMA, 1966, « Public Services and Regional Development in Canada », *Journal of Economic History,* vol. 26, n° 4 (décembre), p. 498-513.

importante dans le niveau de taxation des particuliers entre les provinces[12].

Au cours des cinq années suivantes, nous observons une situation inverse, puisque l'écart entre les provinces passe de 54 % à 97 %, indiquant un accroissement des différences provinciales. Ainsi, en 1971, le montant des impôts directs atteignait en moyenne, au Canada, 1 260 $ par habitant. Les citoyens de la Saskatchewan recevaient deux fois plus (– 2 085 $) que ce que payaient les citoyens de Terre-Neuve (970 $) et de l'Île-du-Prince-Édouard (873 $). Les citoyens de la Saskatchewan recevaient deux fois plus que ce que les citoyens des autres provinces payaient en moyenne.

L'écart entre les taux de taxation, et par le fait même l'indice de dispersion, suit une courbe descendante pendant la période 1971-1981. L'année 1981 est la seule année où la Saskatchewan présente un taux de taxation personnel positif[13] et où trois autres provinces, le Manitoba, Terre-Neuve et la Nouvelle-Écosse enregistrent une diminution de l'impôt personnel. C'est également en 1981 que l'on observe le plus faible indice de dispersion entre les provinces, soit 42,8 %, l'écart entre les impôts payés par les individus étant moins que la moitié de la moyenne. Les 10 années subséquentes annihileront les gains obtenus précédemment, les écarts entre provinces s'amplifiant, l'indice de dispersion passant, en 1986, à 53,8 %, pour atteindre, en 1991, 64,5 %.

Dans le cas plus spécifique du Québec, on note de manière générale que la situation financière des contribuables se situe à un niveau légèrement au-dessus de la moyenne. Les Québécois payaient 599 $ en taxes, en 1961, au cinquième rang parmi les citoyens les plus taxés des provinces canadiennes. Trente ans plus tard, en 1991, le Québec se retrouve au quatrième rang, les contribuables Québécois payant en moyenne 4 014 $ d'impôt. Toutefois, le Québec fut la province payant

---

12. Il est impossible de porter un jugement normatif sur cette diminution réelle de l'écart entre les provinces ; l'indice de dispersion n'indique en rien le niveau de vie régional ni ne reflète le pouvoir d'achat ou tout autre indicateur du bien-être des citoyens. Il mesure tout au plus l'effet des programmes de réduction des disparités régionales et rend bien compte du fait qu'il faut traiter les provinces et régions différemment.

13. En 1963, la Saskatchewan a aussi enregistré un impôt net positif.

le plus de taxes par personne en 1979 et 1980, au moment du référendum. Ce sont les Ontariens qui demeurent les plus taxés tout au long de la période 1961-1971, la Colombie-Britannique prenant la relève entre 1975 et 1978, puis l'Alberta de 1981 à 1983.

Au bas de l'échelle, Terre-Neuve et l'Île-du-Prince-Édouard s'échangent le huitième et neuvième rang, et la Saskatchewan demeure obstinément au dernier rang, restant en situation de receveur net de taxes plutôt que de débiteur pendant 28 de ces 30 années. Parmi les provinces maritimes, c'est en Nouvelle-Écosse que les impôts sont le plus élevés par habitant pour l'ensemble de la période, suivie de près par le Nouveau-Brunswick.

ÉVOLUTION DE L'EFFORT FISCAL, DES TRANSFERTS ET DE LA CHARGE FISCALE

Pour calculer l'évolution de l'effort fiscal, nous avons utilisé les trois indices suivants : les impôts payés par les contribuables, les transferts reçus et la charge fiscale. Dans le premier cas, nous avons amalgamé les taxes directes aux transferts versés par les individus aux trois ordres de gouvernement, afin d'obtenir le total des sommes versées à l'État. Ce total a ensuite été divisé par le revenu personnel brut afin d'obtenir la proportion du revenu que doit payer chaque personne aux administrations publiques.

Ici aussi il aurait été possible d'utiliser uniquement le montant résultant de l'addition plutôt que le pourcentage, mais ce dernier facilite davantage l'analyse. Comme dénominateur de la mesure, il est préférable de garder le revenu brut plutôt que la population, afin de mieux illustrer le phénomème d'illusion ; ainsi, les citoyens se comparent entre eux sans tenir compte de tous les éléments leur permettant de juger de la validité de leur comparaison. Il devient donc nécessaire, pour les comparer, de calculer ce que chacun paie et ce que chacun reçoit.

En ce qui concerne la proportion du revenu qui est dépensée en taxes, le Québec est au premier rang depuis 1973, avec quelquefois plus de 2 % de différence avec la province qui le suit de plus près. Les

Québécois donnaient en moyenne 8,9 % de leur revenu à l'État en 1961, pourcentage qui a augmenté à près du quart en 1991, soit 24,2 %. Les contribuables ontariens ont occupé la première place de 1961 à 1968, et en 1970 ; la Colombie-Britannique a pour sa part pris la tête du peloton en 1969, 1971 et 1972. La moyenne pancanadienne, qui était de 8,4 % en 1961, a atteint 20,7 % en 1991.

Par les transferts reçus, nous avons voulu mesurer la proportion du revenu des contribuables en provenance des administrations publiques. Pour ce faire, il s'agissait d'additionner les transferts versés aux individus et de calculer le rapport avec le revenu personnel. Les services personnels (éducation, santé et sécurité sociale) ne sont pas inclus, puisqu'il s'agit avant tout de mesurer le « portefeuille du contribuable ». Le dénominateur demeure, ici aussi, le revenu afin de mieux démystifier le phénomène de l'illusion fiscale.

TABLEAU 3 **Impôts directs et transferts des particuliers aux administrations publiques en proportion du revenu (%)**

Province	*1961*	*1971*	*1981*	*1991*
T.-N.	6,75	13,14	14,56	18,08
Î.-P.-É.	5,71	12,92	12,58	18,73
N.-É.	8,44	16,69	16,27	21,37
N.-B.	7,88	15,50	15,85	20,17
Qué.	8,94	17,23	21,17	24,16
Ont.	10,74	17,94	17,19	23,00
Man.	8,67	16,56	14,64	19,18
Sask.	7,95	12,65	14,89	19,51
Alb.	8,75	17,20	18,29	21,75
C.-B.	9,87	18,14	17,39	21,34

Compilation originale par Sheyla Dussault.

Si les Québécois demeurent les plus taxés au Canada, ils reçoivent en contrepartie plus de transferts des administrations publiques que les citoyens d'autres provinces en pourcentage de leur revenu, ce qui signifie, en matière de gains nets, qu'ils ne sont pas nécessairement les plus « imposés » au Canada. En 1991, par exemple, 8,96 % des revenus des Québécois consistaient en transferts des administrations publiques, alors que les Albertains recevaient 2,5 % de moins, soit 6,42 %. En d'autres mots, si les Québécois payaient plus d'impôts, ils recevaient en contrepartie davantage de l'État. Les Ontariens recevaient 6,72 % de l'État, et les citoyens de la Colombie-Britannique, 8,37 %. Les citoyens de toutes les autres provinces, par contre, recevaient de l'État plus que les citoyens du Québec. Le Québec conserve le septième rang, en 1991, en comparaison de la moyenne nationale de 11,36 %. Le Québec n'a été qu'une fois la province qui recevait le moins de transferts, et ce fut en 1966. Terre-Neuve et l'Île-du-Prince-Édouard sont celles qui reçoivent le plus en matière de transferts, en 1991, avec respectivement 17,41 % et 17,66 % de leur revenu.

TABLEAU 4   **Transferts des administrations publiques aux particuliers en proportion du revenu (%)**

Province	1961	1971	1981	1991
T.-N.	11,55	10,37	13,19	17,41
Î.-P.-É.	14,29	14,58	14,37	17,66
N.-É.	10,13	10,50	11,02	12,82
N.-B.	11,59	10,59	12,30	14,31
Qué.	6,11	6,08	7,06	8,96
Ont.	5,50	5,24	5,60	6,72
Man.	7,70	7,62	7,91	10,37
Sask.	10,55	8,16	6,81	10,51
Alb.	6,15	5,82	3,74	6,42
C.-B.	7,29	6,81	5,96	8,37

Compilation originale par Sheyla Dussault.

Si l'on soustrait de la taxation les transferts gouvernementaux aux citoyens, on obtient une mesure objective de ceux qui bénéficient (signe négatif) et payent davantage (signe positif), mais cela donne aussi, de manière plus précise, le fardeau fiscal réel de chaque individu à l'égard des gouvernements (fédéral, provincial et municipal). Le tableau 5 montre que, de manière générale, le fardeau fiscal varie énormément d'une province à l'autre et que, tout compte fait, le Québec n'est pas la province ayant la plus lourde charge.

TABLEAU 5　**Impôts directs et transferts des particuliers aux administrations publiques moins les transferts aux particuliers en proportion du revenu (%)**

Province	1961	1971	1981	1991
T.-N.	−4,80	2,77	1,37	0,67
Î.-P.-É.	−8,58	−1,66	−1,79	1,07
N.-É.	−1,69	6,19	5,25	8,55
N.-B.	−3,71	4,91	3,55	5,86
Qué.	2,83	11,15	14,11	15,20
Ont.	5,24	12,70	11,46	16,28
Man.	0,97	8,94	6,73	8,81
Sask.	−2,60	4,49	8,08	9,00
Alb.	2,60	11,38	14,55	15,33
C.-B.	2,58	11,33	11,43	12,97

Compilation originale par Sheyla Dussault.

En 1961, les provinces maritimes et la Saskatchewan recevaient davantage qu'elles ne payaient de taxes ; les citoyens de l'Île-du-Prince-Édouard avaient un gain net de 8,58 % en proportion de leur revenu. L'Ontario était la province qui contribuait le plus, avec 5,24 %, suivie du Québec (2,83 %), de l'Alberta (2,60 %) et de la Colombie-Britannique (2,58 %). Toutefois, en 1971 et en 1981, seuls les contribuables de l'Île-du-Prince-Édouard reçoivent un gain net, les citoyens des autres provinces payant un impôt net aux divers gouvernements. On observe cependant que, si le Québec était au second rang en 1961, il occupe en 1971 le quatrième rang et en 1981 le troisième rang, position qu'il conserve en 1991. En d'autres termes, si l'on tient compte des transferts versés aux citoyens, l'Ontario, l'Alberta et la Saskatchewan demeurent ceux dont le fardeau fiscal réel est le plus élevé.

Enfin, notre troisième indicateur, la charge fiscale, tire sa source directement du fonctionnement du système fiscal canadien, c'est-à-dire les citoyens qui payent des taxes et la population qui en dépend. D'abord, les principaux pourvoyeurs de taxes demeurent les travailleurs, c'est-à-dire la population active. Ils doivent payer l'impôt sur le revenu, celui-ci représentant la source de revenus la plus importante de l'État. Puisqu'ils jouissent d'un salaire, les travailleurs ont accès au crédit. Ils sont ceux qui payent la plus forte proportion des taxes de vente, d'accise et de douane, puisque les entreprises refilent une grande partie de leurs taxes aux consommateurs. Quant à la population dépendante, elle est composée des personnes de 15 ans et moins, des chômeurs et de la population inactive, c'est-à-dire à la recherche d'un emploi ou ne travaillant pas. Il faut noter que ces catégories ne sont pas nécessairement très précises, puisque les travailleurs à temps partiel et à contrat ne figurent pas dans les données. Cependant, l'ajout de ces autres travailleurs au calcul n'ajouterait pas d'éléments significatifs à notre analyse.

Pour obtenir la proportion de la charge fiscale, il faut donc soustraire la population en chômage de la population active, afin de trouver la population active au travail. Pour le numérateur, il suffit de soustraire la population active au travail de la population totale. Le rapport représente ainsi le nombre de « profiteurs nets » que doit soutenir chaque contribuable. Un rapport de 1, par exemple, signifie qu'un célibataire ayant sa mère à sa charge s'autosuffit. Plus le taux de chômage est bas, plus le rapport est faible, et mieux la charge fiscale est répartie.

Les données du tableau 6 montrent que, de manière générale, le rapport n'a cessé de diminuer depuis le début des années 1960. Mais avec le vieillissement de la population on devrait bientôt le voir augmenter de nouveau, en même temps que le nombre de personnes qui prendront leur retraite et quitteront les rangs de la population active. Si Terre-Neuve est parmi les provinces où la plus petite portion des revenus part en impôts et où une grande partie des revenus provient des transferts publics, cela signifie que chaque contribuable de cette province devait soutenir presque 3,5 bénéficiaires en 1961 et près de 2 en 1991. À l'opposé, si l'Ontario et le Manitoba étaient les provinces où les contribuables soutenaient le moins de citoyens en 1961, soit environ 1,6 personne, en 1991 ce sont les Albertains qui obtiennent la palme, avec 1,09 citoyen. Les contribuables québécois sont demeurés, depuis 1961, au sixième rang, étant toujours en deçà de 2 %. En 1991, chaque contribuable au Québec soutenait 1,37 personne.

TABLEAU 6   **La charge fiscale des particuliers (N)**

Province	1961	1971	1981	1991
T.-N.	3,08	2,96	2,22	1,95
Î.-P.-É.	2,07	1,93	1,64	1,47
N.-É.	2,11	2,11	1,66	1,47
N.-B.	2,35	2,27	1,80	1,62
Qué.	1,97	1,83	1,41	1,37
Ont.	1,61	1,53	1,12	1,20
Man.	1,69	1,64	1,25	1,26
Sask.	1,84	1,80	1,30	1,25
Alb.	1,72	1,60	1,00	1,09
C.-B.	1,82	1,70	1,23	1,27

Compilation originale par Sheyla Dussault.

En somme, si les Québécois sont les citoyens les plus taxés au Canada, ils ne sont pas ceux qui en retour reçoivent le moins de leurs gouvernements. Il faut donc être prudent lorsque vient le temps d'évaluer précisément le fardeau fiscal des citoyens, car il s'agit avant tout d'un choix de définition et d'indicateurs. Malgré tout, les citoyens peuvent avoir des perceptions différentes et l'effort fiscal peut créer une forme d'illusion qui rend encore moins palpable la contribution réelle de chaque personne au bien-être collectif. Si le revenu personnel et le revenu disponible ont été multipliés par trois et quatre respectivement, entre 1961 et 1991, les augmentations les plus importantes du revenu personnel ayant été observées en Alberta, où il s'est accru de 80 %, et en Colombie-Britannique, où la croissance a été de 78 %, cela signifie uniquement que certaines catégories de citoyens se retrouvent désormais dans une meilleure situation financière. Mais, comme leur fardeau fiscal augmente de décennie en décennie, cela peut aussi créer un plus grand désarroi face aux aléas de l'économie.

CONCLUSION

Alors! au terme de cette enquête, que pouvons-nous dire du contribuable québécois : qu'il est un héros ou qu'il est un malfaiteur? Nous croyons qu'il n'est véritablement ni l'un, ni l'autre. C'est, tout bonnement, une personne qui tente, tant bien que mal, de composer avec un État omniprésent, dont les performances sont considérées comme pratiquement jamais à la hauteur des espoirs suscités en période électorale et dont l'utilisation des ressources mises à sa disposition, par voie de taxation, génère beaucoup de récriminations et de ressentiments. En fait, le contribuable québécois, à l'instar probablement de tous les contribuables des pays industrialisés, a beaucoup de difficulté à déterminer ce qui est juste et ce qui est équitable. Comme il se sent presque impuissant à changer collectivement la situation, il choisit de se sauver lui-même. Nous percevons, dans ses réponses aux différentes questions posées, une certaine aliénation face au politique et, dans une moindre mesure, face à l'économique. Par contre, il a, à l'égard de la fiscalité, une réaction que nous qualifions de saine. Il considère qu'il est normal d'utiliser les diverses possibilités que lui offre la loi.

Un comportement fiscal respectueux de l'esprit et de la lettre de la loi ne signifie pas automatiquement un accord total et inconditionnel avec l'État. C'est une des possibilités qu'il faut envisager ; ce n'est pas la seule. Il faut aussi faire l'hypothèse que les comportements frauduleux et abusifs (légaux, mais illégitimes) peuvent s'avérer inaccessibles, en raison de différentes contraintes, ou encore non souhaitables pour d'autres raisons. De tous les comportements fiscaux, c'est probablement celui dont la lecture politique est la plus difficile et pour laquelle une connaissance précise des attitudes serait des plus utiles. L'évasion fiscale, si l'on demeure dans une stricte perspective politique, laisse entendre à l'État que le soutien envers ses politiques et ses programmes n'est pas suffisamment fort pour empêcher la prédominance des intérêts particuliers sur les intérêts collectifs. Par ailleurs, ce comportement fiscal peut aussi laisser transpirer une grande irritation de la part du contribuable, lequel opte cependant pour un rapport de force avec le fisc et compte sur sa propre habileté ou sur la compétence légale et comptable de ses conseillers pour soustraire le maximum de ressources au gouvernement ou à l'administration concernés. Si le contribuable choisit la voie légale au lieu de l'illégalité, c'est d'abord parce qu'il a les moyens de s'y engager et ensuite parce que la fraude comporte des risques jugés trop élevés.

Le message véhiculé par un comportement délictueux penche davantage vers le rejet et la contestation que vers la tolérance et l'indifférence. La fraude est, comme l'ont proposé Martinez, Neuer ou Taddei, une expression de refus et, ajouterions-nous, un refus de l'impuissance dont se sent affligé le contribuable face à la machine gouvernementale. On peut alors faire l'hypothèse que le recours délibéré à la fraude fiscale, alors que d'autres modes d'expression sont disponibles, signifie une rupture entre l'État et le contribuable, par suite de l'apparition d'un phénomène d'aliénation.

L'EXPRESSION DE RUPTURES

La fuite devant le fisc, outre qu'elle corresponde à un penchant naturel chez tout individu, prend de l'ampleur dans un contexte de ruptures de toutes natures. Le phénomène n'est pas inévitable, comme l'affirment d'ailleurs Lucien Mehl et Pierre Beltrame lorsqu'ils écrivent : « Il existe une corrélation certaine entre le degré de cohésion et de stabilité d'une société, la force de l'attachement que ses membres manifestent à l'égard des principes politiques qui sont à sa base, d'une part, et le niveau de spontanéité et de sincérité dans l'exécution des obligations fiscales, d'autre part. » Autrement dit, et plus simplement : si on y tient vraiment et si on y croit, on va y consacrer les énergies nécessaires. En revanche, si nos propres institutions et nos dirigeants nous deviennent étrangers, les probabilités sont fortes pour que nous devenions de plus en plus réticents à les soutenir de nos deniers.

Les facteurs pouvant expliquer ces différentes ruptures sont multiples. Certains sont cependant plus pertinents que d'autres pour traiter de la déliquance fiscale. C'est le cas, notamment, du type d'État mis en place dans les pays modernes et industrialisés depuis les années 1960, c'est-à-dire l'État providence. André Margairaz et Roger Merkli (1985), par exemple, affirment que l'érosion du devoir fiscal était déjà contenue dans le concept même de l'État providence. Pour ces auteurs, ce type d'État, en prenant du volume, se serait éloigné peu à peu du citoyen, au point de constituer une entité complètement indépendante de la collectivité. Il y aurait une forme de « corporatisation » de l'État et de ses appareils, dont la rupture d'identité entre l'État et le citoyen serait l'un des résultats, peut-être le plus important. Il s'ensuit une déresponsabilisation partielle ou totale du citoyen et une kyrielle de phénomènes connexes, dont l'illusion de la gratuité des services et des biens publics (Migué, 1985). Le citoyen ne se sent alors plus responsable de l'État et de ses institutions, comme il l'est habituellement de ses propres biens. Ed Finn écrivait, fort à propos : « But cheating on taxes is merely a symptom of a much deeper and more disturbing malaise – a breakdown of trust in our economic, social and political institutions[1]. »

La société québécoise a connu et continue de connaître plusieurs de ces ruptures qui remettent en question le financement d'institutions, la rupture avec le fisc n'étant que la plus récente. Quand une bonne partie de la société québécoise traditionnelle s'est éloignée de la pratique religieuse régulière et fervente, le paiement de la dîme a pris un sérieux coup. Quand le concept de la famille a entrepris sa longue mutation, qui n'est pas terminée d'ailleurs, le soutien aux personnes âgées a commencé à avoir le hoquet, et ce, sans parler du paiement des pensions alimentaires, dont la question est revenue sur le tapis récemment. Ce ne sont là que les exemples les plus frappants d'un mal à l'âme collectif dont les effets sur la fiscalité ne peuvent plus être ignorés. Ce n'est absolument pas l'ajout d'une armée de nouveaux vérificateurs qui va y changer quoi que ce soit. Dans un contexte de brisures sociales et de pertes d'identité, il est normal que la ligne de démarcation entre le moral et l'immoral soit plus ténue, sinon carrément floue et incertaine.

La distinction entre évasion et fraude est cruciale, d'un point de vue politique, parce qu'elle est liée à la finalité même de la fuite devant le fisc. En effet, l'évasion, étant autorisée par la législation, découle davantage de l'opportunisme et du calcul économique que de l'opposition à l'État. Par contre, la fraude, également fruit d'un calcul

---

1. Ed FINN, « Undercurrents, What Lies Beneath the Underground Economy », dans *Canadian Forum*, vol. 72, n° 826, janvier-février 1994, p. 47.

économique, évoque surtout, sur le plan social, l'aliénation, la frustration, la contestation et le rejet. Lorsque, par exemple, l'économie se cherche un nouveau souffle et que les difficultés sociales s'incrustent dans une société en perte d'identité, comme c'est actuellement le cas au Canada, le marasme des finances publiques fait peser sur le citoyen de sérieuses menaces de réduction des services publics, ce qui accentue la possibilité de l'instauration imminente d'un rapport impôt/services plus faible. Le sentiment d'insécurité que cela engendre crée une masse critique qui enclenche un processus de désagrégation de la crédibilité des autorités et des institutions publiques. S'installe alors dans la population un climat de méfiance, d'opposition, voire de rejet de l'autorité politique.

ANNEXE 1
DONNÉES SOCIODÉMOGRAPHIQUES
SUR LES PERSONNES INTERROGÉES

Sexe	N	%
Masculin	481	47,3
Féminin	536	52,7
Total	1 017	100

Langue parlée à la maison	N	%
Français	723	71,0
Anglais	174	17,1
Français et anglais	35	3,4
Autre	83	8,1
P.R.	2	0,0
Total	1 017	100

Scolarité	N	%
0-7 ans	66	6,4
8-12 ans	368	36,1
13-15 ans	262	25,7
16 ans et plus	316	31,0
P.R.	5	0,0
Total	1 017	100

Statut professionnel

	N	%
Professionnel	134	13,1
Administrateur	103	10,1
Technicien	38	3,7
Commis de bureau	99	9,7
Ouvrier spécialisé	81	7,9
Ouvrier	223	13,1
Autre	14	1,3
P.R.	325	31,9
Total	**1 017**	**100**

Occupation au cours de la dernière année

	N	%
Travail à temps plein	532	52,3
Travail à temps partiel	172	16,9
Chômeur	36	3,5
Étudiant	66	6,5
Travail à la maison	80	7,9
Retraité	114	11,2
Autre	16	1,6
P.R.	1	0,0
Total	**1 017**	**100**

Logement

	N	%
Propriétaire	644	63,6
Locataire	369	36,4
P.R.	4	0,0
Total	**1 017**	**100**

Revenu annuel

	N	%
10 000 $ et moins	207	20,3
10 000-19 999	163	16,0
20 000-29 999	193	18,9
30 000-39 999	146	14,3
40 000-49 999	94	9,2
50 000-59 999	45	4,4
60 000 $ et plus	80	7,8
N.S.P.	19	1,8
P.R.	70	6,8
Total	1 017	100

Fréquence de la pratique religieuse

	N	% ?
Très souvent	96	9,5
Souvent	185	18,2
Rarement	489	43,3
Jamais	294	29,0
P.R.	3	0,0
Total	1 017	100

Langue de l'entrevue

	N	%
Français	836	82,2
Anglais	181	17,8
Total	1 017	100

Âge

	N	%
Moins de 18 ans	30	2,9
18-24 ans	42	4,1
25-34 ans	82	8,0
35-44 ans	172	16,9
45 et plus	682	67,0
P.R.	9	0,8
Total	1 017	100

ANNEXE 2
MÉTHODOLOGIE DU SONDAGE

1. Le contexte

Au début de juin 1993, la situation fiscale des Québécois connaissait l'un de ses moments les plus critiques. Non seulement les taxes sur le tabac et l'alcool avaient atteint un sommet, mais la population dans l'ensemble ne se remettait que très lentement du choc causé par l'imposition des taxes à valeurs ajoutées que sont la TPS et la TVQ.

Or, c'est dans ce contexte que le gouvernement du Québec annonce, lors du budget d'avril 1993, une double imposition fiscale, dont la date d'application était fixée au 1er juillet de la même année.

Le mouvement de contestation des taxes sur le tabac du printemps 1994 n'était pas prévisible à ce moment-là. Pourtant, la situation devait évoluer subitement six mois après la réalisation de ce sondage, amenant, comme on le sait, un recul des gouvernements sur le niveau de taxation du tabac.

2. Les objectifs

Le sondage a été réalisé dans le but de valider certaines hypothèses sur l'évitement fiscal, regroupées à l'intérieur d'un modèle général.

3. La méthodologie

3.1 *La population étudiée*

Étaient éligibles, pour ce sondage, les personnes âgées de 18 ans et plus, résidant en permanence dans la région métropolitaine de Montréal. De plus, les répondants sélectionnés devaient s'exprimer suffisamment bien en français ou en anglais pour pouvoir répondre au questionnaire.

3.2 *L'échantillon*

3.2.1 Le modèle d'échantillonnage

L'objectif poursuivi par la stratégie d'échantillonnage était d'assurer une représentation suffisante pour permettre d'analyser le comportement des communautés anglophone et allophone. Ainsi, un modèle strictement proportionnel aurait nécessairement entraîné une présence majoritaire des francophones dans l'échantillon.

Donc, pour surreprésenter les communautés anglophone et allophone, l'échantillon a été stratifié en trois sous-régions :

I. La strate francophone, couvrant le territoire de l'est de l'île de Montréal, incluant Repentigny, Laval et la Rive-Sud.

II. La strate centrale, couvrant le centre-ville de Montréal ainsi que certaines des régions les plus anglophones de Laval (Laval-Ouest) et de la Rive-Sud (Saint-Lambert, Greenfield Park, etc.).

III. La strate anglophone, couvrant la banlieue ouest de Pointe-Claire, jusqu'à Sainte-Anne-de-Bellevue, ainsi que certaines municipalités de l'île de Montréal (Westmount, Ville Mont-Royal).

Le modèle d'échantillonnage correspond donc à la définition classique de l'échantillon probabiliste, stratifié et pondéré. Dans un tel cas, la pondération aura pour fonction de rétablir la représentativité des régions sous-représentées à la suite du suréchantillonnage de certaines régions spécifiques.

3.2.2 L'échantillon

L'échantillon utilisé a été généré par ordinateur, une méthode qui a l'avantage d'inclure les numéros non inscrits dans les annuaires téléphoniques (numéros confidentiels, nouveaux numéros, par suite d'un déménagement récent, etc.). De plus, cette technique permet d'obtenir exactement la probabilité de sélection du ménage dans la strate, une donnée essentielle au calcul de la pondération.

La sélection du répondant à l'intérieur du ménage a été effectuée au moyen d'une grille aléatoire également générée par ordinateur.

3.2.3 La pondération

La pondération aura donc pour objectif de rétablir la représentativité de chaque sous-région en fonction de son poids réel dans la population. En corrigeant le suréchantillonnage des strates anglophone et allophone, on ne modifie pas la précision d'échantillonnage accrue grâce à la stratification. En effet, cette précision (ou marge d'erreur) dépend essentiellement du nombre de questionnaires remplis par strate.

Le modèle de pondération est géographiquement calqué sur le modèle d'échantillonnage. Il tient compte des niveaux suivants :

– la fraction d'échantillonnage par strate, c'est-à-dire la probabilité exacte qu'avait un ménage d'être sélectionné dans une strate donnée ;

– le taux de réponses, dont les fluctuations d'une strate à l'autre modifient les probabilités réelles de sélection des ménages ;

– le nombre de personnes dans le ménage éligibles pour le sondage. Ce niveau de pondération permet de tenir compte du fait qu'un répondant sélectionné dans un ménage de cinq personnes avait cinq fois moins de chances d'être choisi qu'une personne vivant seule.

Cette pondération s'énonce mathématiquement ainsi :

$$W_i = (1/F_i) \times (1/T_i) \times (1/N_{ij}),$$

où : W_i = le poids accordé à un répondant de la strate i ;

F_i = le facteur d'échantillonnage dans la strate i ;

T_i = le taux de réponse dans la strate i ;

N_{ij} = le nombre de personnes j d'un ménage de la strate i.

4.0 La cueillette

4.1 *La réalisation*

Le sondage a été réalisé par Sondagem Inc., à partir de sa centrale téléphonique du 3575, boul. Saint-Laurent à Montréal. Au total, 1 017 entrevues furent réalisées au cours de la période s'étendant du 2 au 14 juin 1993.

Même si les interviewers travaillaient en centrale téléphonique sous surveillance constante, Sondagem Inc. a tenu à effectuer un contrôle de 10 % des entrevues, compte tenu du caractère scientifique de cette étude universitaire.

4.2 *La précision du sondage*

Avec un échantillon de 1 017 entrevues réalisées, et en retenant un seuil de confiance de 95 %, la marge d'erreur maximale de ce sondage est de ± 3,1 % dans 19 cas sur 20. Voici la précision obtenue dans chaque strate :

Strate		Nombre	Précision
I	(francophones)	443	± 4,8 %
II	(francophones et allophones)	370	± 5,2 %
III	(anglophones)	204	± 7,0 %
	Total	1 017	± 3,1 %

BIBLIOGRAPHIE

Livres

ARDANT, Gabriel, *La théorie sociologique de l'impôt*, 2 tomes, Paris, SEVPEN, 1965.

————, *Histoire de l'impôt*, Livres I et II, Paris, Fayard, 1972.

BÉLANGER, Gérard, *Croissance du secteur public et fédéralisme : perspective économique*, Montréal, ARC, 1988.

COFFIELD, James, *A Popular History of Taxation. From Ancient to Modern Times*, Longman, 1970.

COSSON, Jean, *Les industriels de la fraude fiscale*, Paris, Seuil, 1974.

CRÊTE, Jean, Louis-M. IMBEAU et Guy LACHAPELLE, *Politiques provinciales comparées*, Québec, Presses de l'Université Laval, 1994.

DE CLOSETS, François. *Toujours plus*, Paris, Grasset, 1982.

DUBERGÉ, Jean, *La psychologie sociale de l'impôt dans la France d'aujourd'hui*, Paris, PUF, 1961.

————, *Les Français face à l'impôt, essai de psychologie fiscale*, Paris, LGDJ, 1990.

GAUDEMET, Paul-Marie et Joël MOLINIER, *Finances publiques*, Paris, Montchrestien, 1993.

HORRY, Isabella et Michael WALKER, *Government Spending Facts Two*, The Fraser Institute, Vancouver, 1994.

FORTIN, Bernard, Pierre FRÉCHETTE et Joëlle NOREAU, *Premiers résultats de l'Enquête sur les incidences et les perceptions de la fiscalité dans la région de Québec : dimensions et caractéristiques des activités économiques non déclarées à l'impôt*, Cahier d'aménagement du territoire et de développement régional, Québec, Programme ATDR, Université Laval, 1987.

FRANK, Max, *La fraude fiscale en Belgique*, Bruxelles, Université Libre de Bruxelles, 1977.

GINSBURGH, Victor et Pierre PESTIAU, *L'économie informelle*, Paris, Labor, 1987.

HARRIS, André et Alain GUILLOUX, *C'est la lutte fiscale... une nouvelle lutte des classes*, Paris, Fayard, 1988.

HIRSCHMAN, A.O., *Exit, Voice and Loyalty*, Cambridge, Harvard University Press, 1970.

HEERTJE, Arnold et Philippe BARTHÉLÉMY, *L'économie souterraine*, Paris, Economica, 1984.

LAFFER, Arthur, *L'ellipse ou la loi des rendements décroissants*, Bruxelles, Institutum Europaeum, 1981.

LEROUGE, G., *Théorie de la fraude en droit fiscal,* Paris, LGDJ, 1944.

LEVI, Margaret, *Of Rule and Revenue,* Berkeley, University of California Press, 1988.

LEWIS, Alan, *The Psychology of Taxation,* New York, St. Martin's Press, 1982.

MARGAIRAZ, André, *La fraude fiscale et ses succédanés... ou comment on échappe à l'impôt,* Blonay, A. Margairaz, 1987.

MARGAIRAZ, André et Roger MERKLI, *La fuite devant l'impôt et les contrôles du fisc,* Lausanne, Marguerat, 1985.

MARTINEZ, Jean-Claude, *Lettre ouverte aux contribuables,* Paris, Albin Michel, 1985.

————, *La fraude fiscale,* Paris, PUF, 1990.

————, « La légitimité de la fraude fiscale », dans Bernard BECK et Georges VEDEL, *Études de finances publiques,* Paris, Economica, 1984, p. 921-942.

MATTHIEU, Robert, *Le racket fiscal,* Paris, Albin Michel, 1990.

————, *Échec à la dictature fiscale,* Paris, Albin Michel, 1991.

MCQUAIG, Linda, *La part du lion,* Montréal, du Roseau, 1987.

MEHL, Lucien et Pierre BELTRAME, *Science et technique fiscale,* Paris, PUF, 1984.

MIGUÉ, Jean-Luc, *L'économiste et la chose publique,* Sillery, PUQ, 1985.

NEUER, Jean-Jacques, *Fraude fiscale internationale et répression,* Paris, PUF, 1986.

NEURISSE, André, *Histoire de l'impôt,* Paris, PUF, 1978.

PEACOCK, Alan T. et Jack WISEMAN, *The Growth of Public Expenditures in The United Kingdom,* Princeton, National Bureau of Economic Research, 1961.

PECHMAN, Joseph, (dir.), *What Should Be Taxed ; Income or Expenditure ?* Washington, The Brookings Institute, 1980.

————, *Federal Tax Policy,* Washington, The Brookings Institute, 1983.

————, *The Rich, The Poor and The Taxes They Pay,* Boulder, Westview Press, 1986.

PETERS, B. Guy, *The Politics of Taxation, a Comparative Perspective,* Cambridge, Blackwell, 1991.

QUÉBEC, *Comptes économiques des revenus et des dépenses, édition 1994,* Les Publications du Québec, 1994.

RIPERT, G., *Le déclin du droit,* Paris, Pichon, 1949.

SALIN, Pascal, *L'arbitraire fiscal,* Paris, Robert Laffont, 1985.

ST-HILAIRE, France, *À qui profitent les avantages fiscaux ?,* Institut de recherche en politiques publiques, vol. 1, n° 5, 1995.

STOETZEL, Jean, *Les valeurs du temps présent,* Paris, PUF, 1968.

SULLIVAN Hite, Peggy, *An Experimental Investigation of Two Possible Explanations For Taxpayer Noncompliance,* University of Colorado, thèse de Ph.D. non publiée, 1986.

TADDEI, Bruno, *La fraude fiscale,* Paris, Librairies techniques, 1974.

TREMBLAY, Pierre-P., *La politique fiscale : à la recherche du compromis,* Sainte-Foy, Presses de l'Université du Québec, 1995.

TREMBLAY, Pierre P. et Lawrence OLIVIER, *Le citoyen face à l'impôt : l'évitement fiscal comme mode d'opposition,* Montréal, UQAM, département de science politique, note de recherche n° 40, 1992.

TREMBLAY, Pierre-P. et Guy LACHAPELLE, *Justice, équité, fraude,* Montréal, UQAM, département de science politique, note de recherche, n° 48, 1994.

WALLSCHUTZKY, Ian G., *Taxpayer Attitudes to Tax Avoidance and Evasion,* Sydney, Australian Tax Research Foundation, 1985.

Articles

CITRIN, Jake, « Do People Want Something for Nothing : Public Opinion on Taxes and Government Spending », dans *National Tax Journal,* vol. 32, n° 2 (1979), p. 113-129.

CLOTFELTER, C.T., « Tax Evasion and Tax Rates : An Analysis of Individuals Returns », dans *The Review of Economics and Statistics,* (août 1983), p. 363-373.

DEAN, Peter, Tony KEENAN et Fiona KENNEY, « Taxpayers' Attitudes to Income Tax Evasion : An Empirical Study », dans *British Tax Review.*

DUBERGÉ, Jean, « Résistance comparée à l'impôt et aux cotisations de couverture sociale », dans *Revue française de Finances publiques,* n° 5 (1984), p. 35-67.

DYE, Thomas R., « State vs. Local Public Sector Growth : a Comparison of Determinant Models », *Policy Studies Journal,* vol 18, n° 3, 1990.

FINN, Ed, « Undercurrents, What Lies Beneath the Underground Economy » dans *Canadian Forum,* vol. 72, p. 826, janvier-février 1994.

GARAND, James C., « Explaining Government Growth in the United States », *Americain Political Science Review,* vol. 82, 1988.

GEEROMS, H. et H. WILMOTS, « An Empirical Model of Tax Evasion and Tax Avoidance », dans *Public Finance,* n° 2 (1985), p. 190-209.

GOETZ, Charles, « Fiscal Illusion in State and Local Finance », dans Thomas E. BORCHERING, *Budgets and Bureaucrats : the Sources of Government Growth,* Durham, Duke University Press, 1977.

IMBEAU, Louis-M. et Guy LACHAPELLE, « Les déterminants des politiques provinciales au Canada : une synthèse des études comparatives », *Revue québécoise de science politique,* n° 23, hiver 1993.

KESSELMAN, Jonathan R., « Canadian Provincial Payroll Taxation : A Structural and Policy Analysis », *Canadian Tax Journal,* vol. 42, 1994.

LACHAPELLE, Guy, « La priorité de Clinton : le système de santé », *Relations,* juillet-août 1993.

LE NOUVEL OBSERVATEUR, « Fisc : comment les Français fraudent » (22 mars 1985), p. 36-40.

LE NOUVEL OBSERVATEUR, « Qui dénonceriez-vous ? » (7-13 septembre 1989), p. 53-55.

L'EXPRESS, « Le jeu du fisc et du hasard », (28 septembre 1984), p. 55-57.

MASON, R. et L.D. CALVIN,. « Public Confidence and Admitted Tax Evasion », dans *National Tax Journal,* vol. 37 (1984), p. 489-496.

PERRY, David B., « Are Taxes Too High ? », dans *Canadian Tax Highlights,* vol. 1, n° 1, janvier 1993.

PERRY, David B., « Fiscal Figures : Individual Tax Burden in the OECD Nations », *Canadian Tax Journal,* vol. 42, 1994.

RICHARD, Jacques L., « Un modèle économique des comportements de fraude fiscale ; intérêt et limites », dans *Politiques et management public,* vol. 4, n° 3 (septembre 1986), p. 95-115.

RUGGERI, G.C., D.VAN WART et R. HOWARD, « The Redistributional Impact of Taxation in Canada », *Canadian Tax Journal,* vol. 42, 1994.

SHOYAMA, T.K., « Public Services and Regional Development in Canada », *Journal of Economic History,* vol. 26, n° 4, 1966.

SPICER, M.W. et S.B. LUNDSTEDT, « Understanding Tax Evasion », dans *Public Finance,* vol. 31, p. 295-306.

SPIRO, Peter S., « Evidence of a Post-GST Increase in the Underground Economy », dans *Canadian Tax Journal,* vol. 41, 1993, p. 247 à 258.

TOUFEXIS, Anastasia, « Call for Radical Surgery », *Time,* 7 mai 1990.

TREMBLAY, Pierre P., « Le message politique du comportement fiscal : McLuhan a-t-il raison ?, dans *Recherches Sociologiques,* n° 1, 1994, p. 53-75.

UCKMAR, V., « Évasions et fraudes fiscales » dans *Cahiers de droit fiscal international,* vol. 68 (1983).

VERMAETEN, Frank, W.I. Gillespie et Arndt Vermaeten, « Tax Incidence in Canada », *Canadian Tax Journal,* vol. 42, 1994.

WOLFINGER, Raymond E., « Voter Turnout », dans Society, juillet-août 1991, p. 24-26.

AGMV
MARQUIS
Québec, Canada
1997